*Souhila Rahmi*

# 111 Lieux à Grenoble à ne pas manquer

111



emons:

FSC www.fsc.org
MIXTE
Papier issu de sources responsables
FSC® C043106


Crédits couverture : shutterstock.com/Pierre-Olivier
Crédits photographiques : © Souhila Rahmi sauf chap. 27 © Pascal Flamant ; chap. 46 © Département de l'Isère ; chap. 78 © Département de l'Isère
Mise en page : Editorial Design & Artdirection, Conny Laue, d'après un concept de Lübbeke | Naumann | Thoben
Cartographie : altancicek.design, www.altancicek.de d'apres OpenStreetMap
Impression et façonnage : Grafisches Centrum Cuno, Calbe



Achevé d'imprimer en 2023
Dépôt légal : septembre 2023
ISBN : 978-3-7408-1483-0

# Avant-propos

Grenoble mérite qu'on s'y attarde : vieux de plus d'un millénaire, son centre-ville offre de multiples ambiances selon les quartiers, chacun possédant sa propre histoire et ses secrets. Son ancien statut de capitale de province du Dauphiné, sorte d'État dans l'État, lui confère une identité unique en France.

Ce guide vous fera découvrir une partie de son histoire et ses lieux souvent méconnus du grand public. Attachantes, Grenoble et sa région offrent un panel d'activités éclectiques qui sauront satisfaire les curieux de tout âge.

Saviez-vous que des événements clés de l'histoire de France se sont déroulés à Grenoble ? La journée des Tuiles constitua en effet les prémices de la Révolution française et les États généraux du Dauphiné, tenus à Vizille, se firent le reflet d'une contestation nationale. La ville s'illustra également par son industrie et ses inventions : capitale de la ganterie, ses produits étaient appréciés dans le monde entier ; le ciment y fut inventé et l'énergie hydraulique se développa à Lancey grâce aux industries de papeterie et de chaudronnerie locales. L'aspect culturel et social ne fut pas en reste : son musée, un des premiers du pays, offre une riche collection de tableaux, et sa bibliothèque fut créée dès le XVIII^e^ siècle grâce à la générosité des habitants. Au XX^e^ siècle, un développement rapide transforma durablement Grenoble avec la construction d'infrastructures pour l'exposition internationale de 1925 ou les Jeux olympiques d'hiver de 1969, mais aussi de logements sociaux et de bâtiments de services publics.

Partez à la rencontre d'hommes et de femmes passionnés qui vous initieront à leur art, rencontrez les habitants de la « cuvette » et partagez des moments conviviaux autour d'un bon verre ou d'un plat à base de produits locaux dans des lieux exceptionnels !

# 111 Lieux

# 1 L'Arlequin

*Un quartier en plein bouleversement*

L'Arlequin, quel curieux nom pour un quartier ! Il contribue à préserver le mystère de ce secteur enclavé entre des tours de béton. Et pourtant, il gagnerait à être mieux connu. Une fois les premières tours passées, une belle vue dégagée donne sur l'immense parc Jean Verlhac. Un grand plan d'eau, autour duquel se réunissent familles et habitants du quartier, permet de rafraîchir l'atmosphère en été. Des buttes offrent des points de vue sur le parc et les immeubles alentour. Tout près se trouve le petit jardin communautaire Terre-Neuve, géré par les habitants : il leur permet de faire pousser fruits et légumes bios, de faire du compost et de former les enfants des écoles du quartier.

La Villeneuve (dont fait partie l'Arlequin) est un quartier à cheval sur Grenoble et Échirolles, créé dans une vision utopiste d'un nouvel habitat dans les années 70. Au départ pensé et conçu selon la philosophie du vivre-ensemble, il accueillait toutes les classes sociales dans un environnement reflétant l'esprit communautaire, avec un fort tissu associatif, des services de santé et des écoles expérimentales offrant un nouveau type de pédagogie. Véritables laboratoires d'architecture, ses immeubles accueillaient des galeries piétonnes, des passerelles aériennes et furent bariolés de couleurs vives... leur donnant des airs d'Arlequin ! Le quartier commença cependant à décliner dans les années 80, la classe moyenne délaissant les lieux et le secteur se paupérisant petit à petit.

Depuis quelques années, la Villeneuve fait l'objet d'importants projets de réaménagement : destruction de certaines tours vétustes, construction et rénovation des logements, réagencement du quartier, construction d'un nouveau collège et création de pistes cyclables menant au centre-ville. Le quartier est sans cesse en mouvement, des grues se dressent çà et là au-dessus des tours et font désormais partie du paysage. La municipalité ambitionne d'en faire le premier éco-quartier populaire de France.

Adresse Avenue La-Bruyère, 38100 Grenoble | Transports en commun Tram A, arrêts Arlequin ou La-Bruyère | À savoir Le restaurant solidaire associatif L'Arbre Fruité propose de délicieux repas du lundi au vendredi de 9 h à 15 h. Il permet l'insertion sociale et professionnelle de personnes en difficulté (80 Gal de l'Arlequin, 38100 Grenoble).

# 2 Aconit

*Une caverne d'Ali Baba de l'informatique*

Lorsqu'on évoque la préservation du patrimoine, on pense aux monuments historiques ou à l'art, mais jamais à l'informatique. Dans ce milieu, les technologies évoluent à toute vitesse, nous poussant à renouveler sans cesse nos équipements, et les anciennes machines finissent souvent à la déchetterie. Aujourd'hui, les initiatives de préservation du patrimoine informatique sont assez rares et c'est la mission que s'est assignée l'association Aconit. Des dons provenant de tout le pays, de particuliers comme d'entreprises, lui ont permis de constituer une impressionnante collection de matériel informatique regroupant plus de 2000 machines. C'est l'une des plus importantes d'Europe.

En visitant le repaire de l'association, installé dans une ancienne imprimerie, les nostalgiques ne pourront s'empêcher de s'arrêter devant les engins de leur jeunesse : d'anciens ordinateurs d'école, de vieilles consoles de jeux vidéo, des écrans cathodiques, etc. D'autant que les bénévoles ont réussi le tour de force de faire fonctionner certaines de ces machines, parfois en y associant des périphériques modernes. Le matériel de l'association est souvent mis à disposition de différentes institutions dans le cadre d'expositions temporaires pour le faire (re)découvrir au grand public. Il arrive même que des sociétés de production viennent faire appel à ces passionnés pour mettre en scène de vieux ordinateurs dans les tournages !

Aconit s'emploie également à collecter et sauvegarder le patrimoine immatériel, c'est-à-dire les logiciels ou les documents tels que les notices des équipements. Cette importante base de données est accessible librement sur le site de l'association qui l'alimente régulièrement. Ce portail présente également une histoire de l'informatique et un focus sur les industriels grenoblois. Les membres de l'association interviennent aussi auprès des établissements scolaires pour des visites ou des présentations des métiers liés à l'informatique.

**Adresse** 12 rue Joseph-Rey, 38000 Grenoble, www.aconit.org | **Transports en commun** Tram E, arrêt Condorcet | **Horaires d'ouverture** Du lundi au vendredi de 10 h à 12 h, sur rendez-vous uniquement, à réserver sur le site internet | **À savoir** L'association a reçu de la part du musée des Arts et Métiers une mission de sauvegarde, d'inventaire et de mise en valeur du patrimoine scientifique et technique contemporain. Elle espère un jour pouvoir ouvrir un musée permanent pour présenter ses collections au grand public.

# 3 L'ancienne manufacture des gants Jouvin

*Un savoir-faire de première main*

La ganterie est une industrie historique du Dauphiné, puisqu'on en retrouve des traces datant de la fin du Moyen Âge. Elle atteignit son apogée au cours du XIXe siècle, Grenoble devenant la capitale de la fabrication de gants. Les gants de Grenoble étaient des pièces très fines, destinées à être portées tous les jours, comme il était d'usage à l'époque. Ils étaient fabriqués en peau de chevreau (et non d'agneau comme dans d'autres régions) issue des nombreuses mégisseries de la région. Ce secteur était alors l'un des principaux employeurs de la ville : le travail était souvent réalisé par des ouvrières à domicile, où elles assemblaient les pièces de cuir prédécoupées à l'atelier.

Près d'un siècle plus tard, Xavier Jouvin industrialisa le processus de fabrication en déposant des demandes de brevets pour ses « gants de fer » : ces gabarits de différentes tailles permettaient de découper les gants de façon plus précise et plus rapide. Ils furent rapidement améliorés pour automatiser la découpe à l'aide d'une presse. Cette nouvelle organisation, mais aussi l'ouverture des marchés vers l'international, permit à la ganterie grenobloise de se développer rapidement entre les années 1860 et 1890. La production atteignit 1,5 million de douzaines de paires en 1895. Elle était en majeure partie exportée vers le Royaume-Uni et les États-Unis, mais aussi la Russie. Il s'agissait d'articles de luxe destinés à une clientèle aisée.

Le musée de la Ganterie de Grenoble se trouve aujourd'hui dans les sous-sols des anciens ateliers de Xavier Jouvin ; c'est son arrière-petit-fils qui anime les visites guidées avec tout son savoir-faire. Les équipements tels que les presses et les machines à coudre de l'époque ont été conservés, ainsi que de multiples exemplaires de gants fabriqués par l'entreprise avant sa fermeture définitive dans les années 60.

Adresse 2 rue Saint-Laurent, 38000 Grenoble | Transports en commun Tram B, arrêt Notre-Dame-Musée ; Bus 16, arrêt Saint-Laurent | Horaires d'ouverture Visites uniquement sur réservation : en visite libre sur le site www.museedelaganterie.fr ou en visite guidée auprès de l'office de tourisme de Grenoble | À savoir Une dernière ganterie de Grenoble est toujours en activité à… Fontaine ! Il s'agit de l'entreprise Gant Lesdiguières, qui produit ses gants avec les mêmes procédés qu'au XIXe siècle. Leurs produits sont disponibles en boutique (5 rue Raoul-Blanchard, 38000 Grenoble).

# 4 L'appartement Gagnon

*La jeunesse de Stendhal*

Stendhal, de son vrai nom Henri Beyle, naquit dans une petite rue du centre-ville de Grenoble à la fin du XVIIIe siècle. Son père, avocat au parlement de Grenoble, était un personnage qu'il détestait particulièrement, ce qui le rapprocha de sa famille maternelle. Sa mère tant aimée mourut en couches alors qu'il n'avait que 7 ans : il passa une enfance malheureuse, cependant allégée par les moments passés avec son grand-père maternel, Henri Gagnon, un médecin grenoblois reconnu. C'est d'ailleurs ce dernier qui l'initia à la littérature dans son appartement place Grenette, dont la bibliothèque a pu être reconstituée grâce à des documents retrouvés dans les archives municipales. Depuis la terrasse donnant sur l'actuel jardin de Ville, le futur Stendhal assista à la journée des Tuiles, véritable tournant dans l'histoire de la Révolution française.

Après la Révolution, Stendhal entra à l'École centrale de Grenoble, aujourd'hui le lycée Stendhal ! Grâce à ses notes en mathématiques, il tenta d'entrer à l'École polytechnique de Paris, mais échoua. Tombé gravement malade, il fut hébergé chez son cousin qui lui fit intégrer le ministère de la Guerre ; il rejoignit alors la Grande Armée pour la campagne en Italie. Celui qui rêvait d'écrire des comédies et de charmer des femmes se retrouva sur le champ de bataille. Il publia quelques essais pendant sa carrière militaire, mais ce n'est qu'en 1830 que parut son roman *Le Rouge et le Noir*, qui lui assura une petite notoriété de son vivant.

L'appartement du docteur Gagnon abrite aujourd'hui le musée Stendhal. Nous pouvons y découvrir des tableaux présentant les personnages importants de la vie d'Henri Beyle ainsi qu'un parcours audio permettant de comprendre la vie du célèbre écrivain. Le cabinet de curiosités a été reconstitué avec l'aide du musée d'Histoire naturelle, auquel le grand-père de Stendhal avait l'habitude de faire don de ses bibelots au XVIIIe siècle !

Adresse 20 Grande-Rue, 38000 Grenoble, www.bm-grenoble.fr. L'entrée est discrète, située sur la grande rue marchande | Transports en commun Tram A/B, arrêt Hubert-Dubedout-Maison-du-Tourisme | Horaires d'ouverture Le mercredi, le vendredi et le samedi de 14 h à 18 h | À savoir Des balades dans la ville nommées « Si Stendhal m'était conté » sont proposées par l'office de tourisme. Pour ceux qui souhaitent aller plus loin, il est également possible de consulter les manuscrits de Stendhal conservés dans les archives en ligne sur le site www.manuscrits-de-stendhal.org.

# 5 Les archives départementales

*Du nouveau pour les archives*

Dans les sous-sols de l'hôtel de ville, les archives municipales commençaient à manquer de place. De leur côté, les archives départementales, également stockées à Grenoble dans un bâtiment du centre-ville, se trouvaient de plus en plus à l'étroit dans leur local. La situation était telle qu'elles finirent par ne plus pouvoir accueillir de public ni les nouveaux documents en attente de sauvegarde. Il a donc été décidé d'ériger un tout nouveau bâtiment pour conserver les archives départementales dans les meilleures conditions, d'entreprendre la réouverture au public et de libérer l'ancien bâtiment pour que les archives municipales puissent à leur tour s'agrandir (après travaux).

Le nouveau bâtiment des archives est un édifice moderne implanté en plein cœur du campus de Saint-Martin-d'Hères. La façade extérieure, bien que très imposante, s'harmonise aisément avec l'environnement naturel grâce à ses étonnantes teintes cuivrées. La structure de près de 14 000 mètres carrés abrite aujourd'hui 39 kilomètres de linéaires, imaginez un peu le casse-tête du déménagement ! Prévu pour durer de nombreuses années, le bâtiment peut accueillir au total près de 70 kilomètres de linéaires, de quoi envisager le futur sereinement. La température et l'hygrométrie sont contrôlées, offrant des conditions optimales de préservation.

Créées à la fin du XVIII^e^ siècle, les archives conservent des milliers de documents : les états civils des petites communes, les archives des études notariales, mais également des documents privés lorsqu'ils présentent un intérêt particulier. Tous doivent être minutieusement triés, préparés pour le stockage et rangés afin de pouvoir être consultés au besoin. Certains documents peuvent partir en restauration si leur état le nécessite. Seule une infime partie des archives est actuellement numérisée : cette solution est choisie pour les documents les plus demandés afin d'éviter leur détérioration.

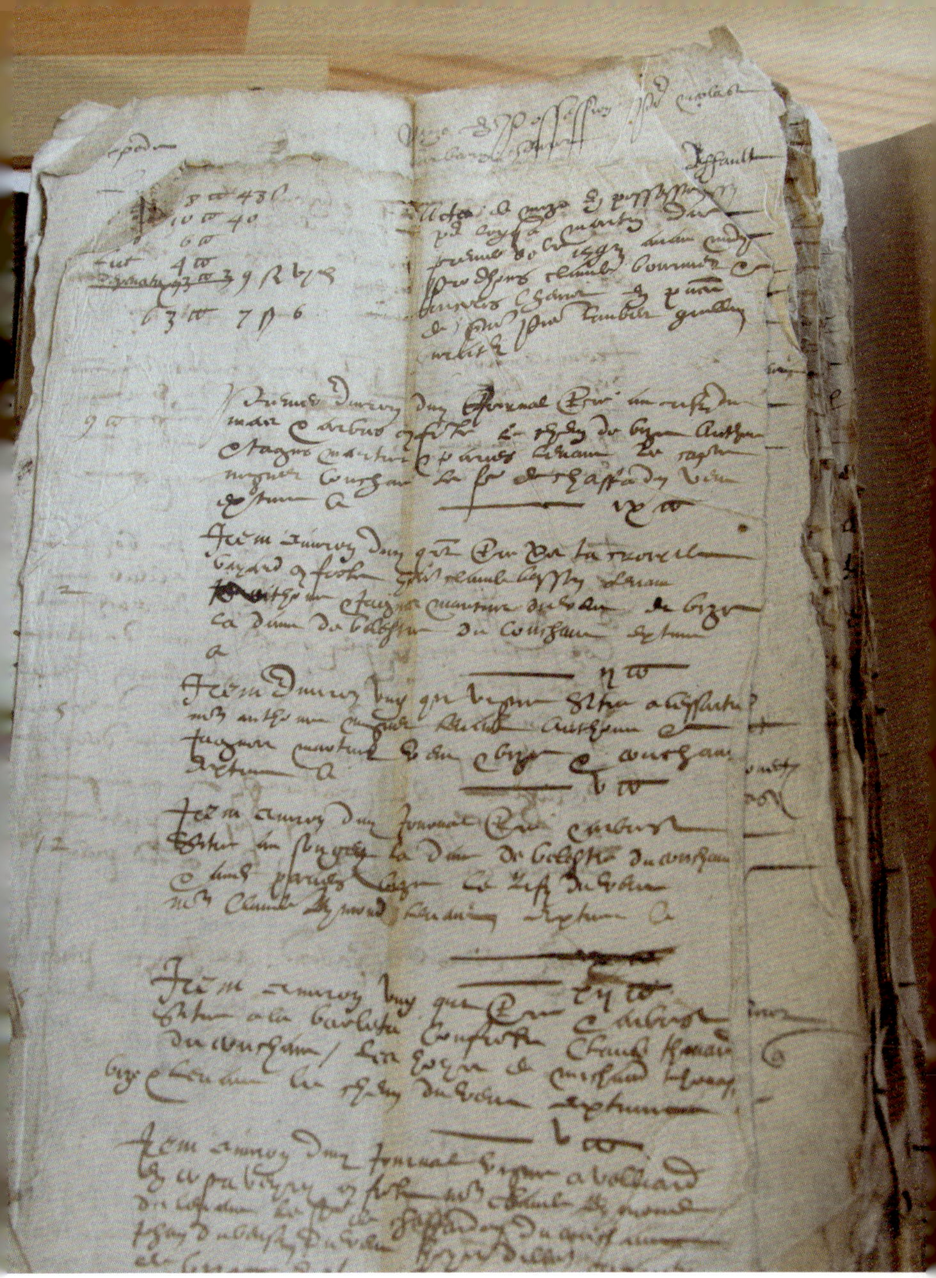

Adresse 12 rue Georges-Perec, 38400 Saint-Martin-d'Hères | Transports en commun Tram B/C, arrêt Condillac-Universités | Horaires d'ouverture Le lundi de 10 h 30 à 17 h, le mardi de 8 h 50 à 19 h, du mercredi au vendredi de 8 h 50 à 17 h, chaque premier samedi du mois de 8 h 50 à 17 h | À savoir Les archives départementales sont ouvertes à tous gratuitement, sur inscription. Le lieu accueille régulièrement des expositions, et des visites guidées sont organisées tous les mois.

# 6 ARhome

*L'innovation dans la vie quotidienne*

L'histoire industrielle de l'entreprise ARaymond débuta en 1865 avec la création d'une manufacture de boutons métalliques destinés à la ganterie, principale industrie de la région grenobloise à l'époque. Initialement installée rue Chenoise, au cœur de Grenoble, l'entreprise appartenait à trois associés, Albert-Pierre Raymond – mécanicien –, Benoît Allègre – graveur – et Alexandre Guttin – spécialiste du traitement de surface. Forts de leurs spécialités complémentaires, ils placèrent l'innovation au cœur de leur activité.

Pour donner suite aux très populaires boutons estampillés selon les souhaits des clients, puis à l'invention du crochet à hélice, l'entreprise mit au point le premier bouton-pression à riveter, qui connut un succès immédiat. En effet, cette pièce permettait un gain de temps important pour la conception des gants tout en offrant une fixation très solide. Elle fut rapidement adoptée par d'autres industries telles que la cordonnerie, la maroquinerie ou l'industrie textile. Aujourd'hui, ces boutons-pression sont utilisés dans le monde entier.

Toujours à la recherche d'idées pour améliorer ses services, ARaymond continua de créer de nouveaux produits : le fermoir tourniquet (utilisé par exemple sur les sacs en cuir), la fermeture à glissière séparable, les agrafes de fixation, etc. Ces inventions ont toutes été protégées par des brevets dès leur sortie, parfois dans plusieurs pays, assurant un large marché à l'entreprise. Les locaux furent déplacés cours Berriat dès 1875 afin d'agrandir les ateliers pour répondre à une demande toujours croissante. Après avoir participé à l'Exposition universelle de Paris en 1889 – qui présenta la tour Eiffel –, l'entreprise se lança sur le marché de l'automobile dans les années 1900 pour accompagner cette industrie naissante. Avec succès, puisqu'ARaymond fournit encore l'automobile, mais également les industries du bâtiment, de l'énergie, de l'agriculture et de la santé.

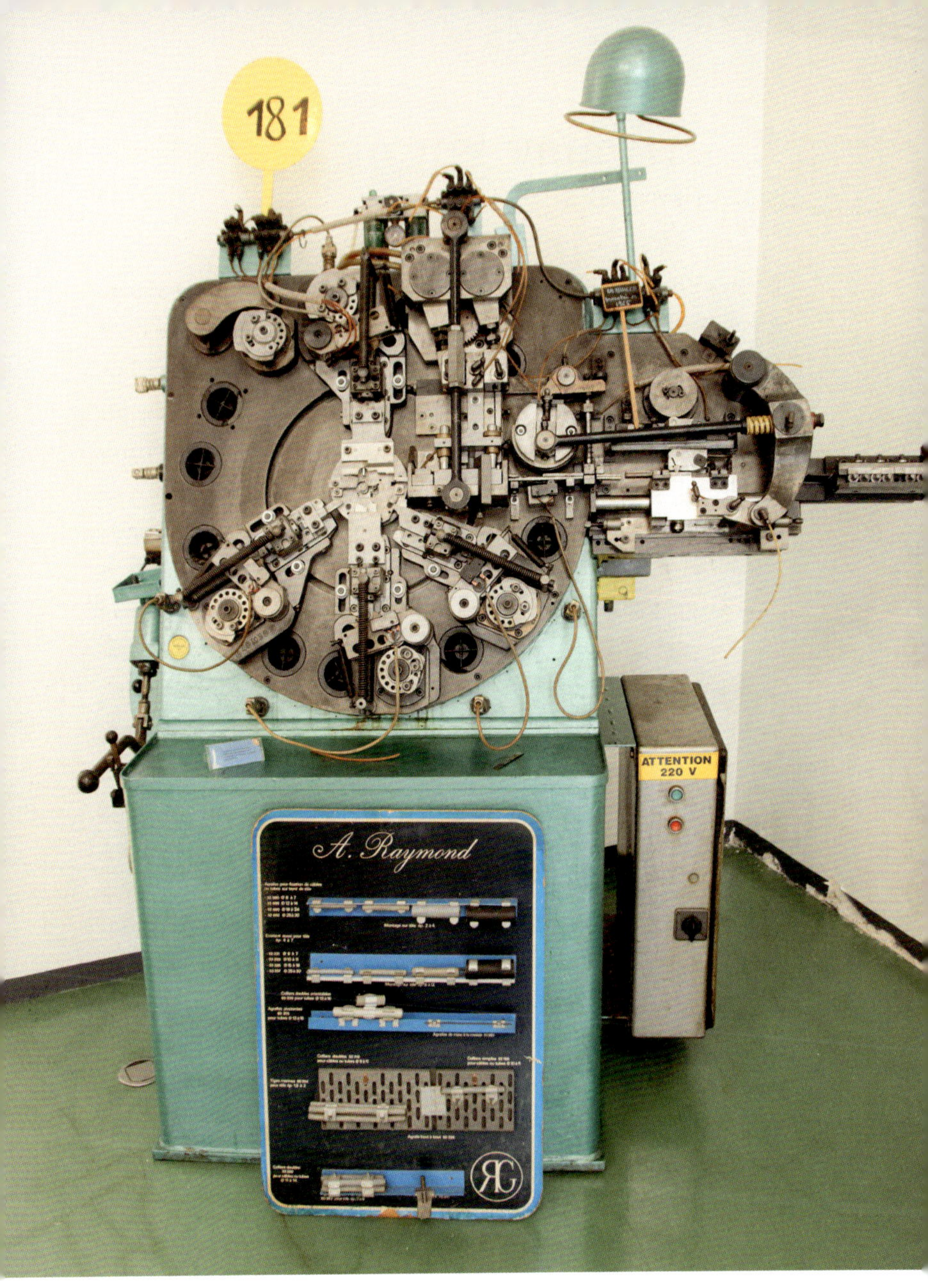


Adresse 113 cours Berriat, 38000 Grenoble | Transports en commun Tram A, arrêt Berriat-Le-Magasin | Horaires d'ouverture Musée du site : du 1er septembre au 30 juin, le premier et le troisième mercredi du mois de 10 h à 12 h et de 14 h à 18 h. Des visites guidées sont animées par Alain Raymond, inscriptions et informations sur www.araymond-museum.com | À savoir La visite du musée permet de découvrir l'histoire de l'entreprise, les produits fabriqués au fil des années et de vieilles machines industrielles, dont certaines ont été restaurées et remises en état de marche.

# 7 L’Atelier Forma

*Couteau suisse de la décoration*

Niché dans le quartier des Antiquaires, où un vent de renouveau souffle depuis quelques années, l’Atelier Forma a vu le jour en 2020. Dans la même rue se trouvent l’ancien couvent Sainte-Cécile, siège des éditions Glénat (voir chap. 42), et, à quelques pas, le café Le Thé à Coudre (voir chap. 104). L’Atelier Forma partage avec ses voisins de quartier quelques traits communs : le goût de l’ancien revisité et celui de l’esthétisme.

En effet, ce tiers-lieu propose à ses clients des univers divers, sans rapport apparent de prime abord, mais finalement complémentaires : un lieu de restauration 100 % végétarien ouvert tous les jours ainsi qu’une boutique de créateurs qui propose des poteries, des savons ou encore des œuvres graphiques. Mais ce n’est pas tout : l’originalité du concept repose sur le fait que les clients peuvent repartir avec le mobilier du café ! Eh oui, ici tout est à vendre : non seulement les meubles, chinés avec soin, mais aussi la vaisselle et la décoration. Une façon d’être au diapason du quartier, qui accueille des antiquaires depuis le siècle dernier. Les ruelles sont en effet bordées de petites échoppes de brocanteurs, restaurants, friperies, et autres commerces décorés à la mode du XXe siècle, donnant à l’ensemble des airs de village dans la ville.

L’idée de l’Atelier Forma a germé dans l’esprit de trois entrepreneuses. Elles travaillaient auparavant chez un géant suédois de la décoration et ressentaient le besoin de créer un commerce plus humain et plus respectueux de l’environnement. C’est ainsi que cette équipe pluridisciplinaire, composée d’une architecte d’intérieur, d’une responsable du merchandising visuel fana de cuisine et d’une graphiste doublée d’une céramiste, a développé ce lieu unique. Un petit clin d’œil au lieu de leur rencontre se cache dans le nom « Forma », qui signifie « modeler » en suédois !

Adresse 2 rue Dominique-Villars, 38000 Grenoble, www.atelier-forma.fr | Transports en commun Tram B, arrêt Sainte-Claire-Les-Halles | Horaires d'ouverture Du mercredi au vendredi de 9 h 30 à 18 h 30, le samedi de 10 h 30 à 18 h 30 | À savoir L'Atelier Forma possède également son propre atelier, qui propose un riche programme de cours divers (poterie, peinture, etc.).

# 8 L'Atypik

*Servir la différence*

L'Atypik se trouve en plein cœur de Grenoble, dans le discret quartier Très-Cloîtres. Installé à l'ombre de l'imposante cathédrale Notre-Dame et de l'ancien couvent Sainte-Marie-d'en-Bas, ce restaurant associatif bénéficie d'un emplacement idéal, puisqu'il fait face à une large placette au calme qui lui permet d'installer une terrasse dès les premiers rayons de soleil. Les deux grands palmiers qui la bordent finissent de faire voyager dans des contrées exotiques les clients, qui oublient le temps d'un repas qu'ils se trouvent toujours dans la capitale des Alpes !

Ce café-restaurant solidaire a la particularité d'être tenu par une association, Atypik et Compagnie, dont le but est de lutter contre l'exclusion des personnes autistes. Ainsi, il offre l'occasion à ses membres d'entrer en relation avec le grand public (et inversement), dans un cadre rassurant et agréable. Pour favoriser cet échange, l'Atypik se veut à la fois un lieu de formation aux métiers de la restauration et un lieu d'échange à l'usage de tous. Le menu proposé par l'équipe change chaque jour et se compose d'un plat végétarien unique (parfois végétalien au choix). La cuisine est entièrement réalisée sur place avec des produits de saison, biologiques pour la plupart. L'association propose aussi un concept original pour le service du samedi : les habitants du quartier sont invités à venir s'installer aux fourneaux afin de proposer des plats typiques de leur pays d'origine ou des plats qu'ils apprécient. Le résultat est savoureux et permet de découvrir chaque semaine une nouvelle spécialité régionale différente pour encore plus de partage culturel !

En plus de son activité de restauration, l'association organise régulièrement des actions pour informer le grand public et accompagner les personnes autistes et leurs familles, ainsi que des rencontres avec des professionnels et des animations variées ouvertes à tous.

Adresse 10 place Edmond-Arnaud, 38000 Grenoble, atypik-grenoble.fr | Transports en commun Tram B, arrêt Notre-Dame-Musée | Horaires d'ouverture Du lundi au samedi de 10 h 30 à 15 h. Les événements ponctuels sont annoncés sur le site | À savoir Profitez-en pour découvrir non loin de là une des rares traboules grenobloises, située au niveau du n° 7 rue du Vieux-Temple. Il débouche sur une jolie cour fleurie et permet de rejoindre (à pied) la rue des Minimes.

# 9 L'Aviron Grenoblois

*Grenoble rime aussi avec sports nautiques*

L'aviron, discipline qui consiste à propulser un bateau fin et étroit à l'aide de rames, existe depuis plusieurs siècles dans le bassin méditerranéen. La forme moderne de la discipline et les premières compétitions sont apparues en Angleterre au cours du XVIIIe siècle, notamment sous la forme de courses opposant différentes universités. En France, le sport se pratique au sein de « sociétés » qui voient le jour un peu partout sur le territoire – la première, créée dès 1838, étant la Société des régates du Havre. On utilisait au départ des canots à rames qui popularisèrent la discipline. Peu à peu, des règles furent établies sur la construction des bateaux, le nombre d'équipiers, etc.

Le Club de l'aviron grenoblois a été créé à l'Île Verte en 1893 par un groupe de passionnés. Ses débuts furent confidentiels – 16 adhérents pour commencer –, puis il se développa au fil des années. Dans un premier temps, les bateaux étaient des yoles, habituellement utilisées en mer. L'Isère gardant son image de rivière houleuse, les outriggers, embarcations plus légères, n'arrivèrent que bien plus tard. Dès le début du XXe siècle, l'Aviron Grenoblois obtint ses premiers succès lors de régates régionales. Le club poursuivit son essor, remportant des championnats français et internationaux dans les années 70. Il se distingua dans les années 90 grâce à ses multiples titres féminins, contribuant à son classement comme meilleur club français pendant plusieurs années. Dans le même temps, l'utilisation d'un nouveau bassin au pont d'Oxford accéléra son développement. Le club est aujourd'hui fier de ses champions médaillés aux Jeux olympiques de Tokyo en 2021.

L'Aviron Grenoblois accueille des sections de compétition et des sections grand public sur ses deux bases nautiques. L'adhésion se fait à l'année, mais des stages d'aviron sont également proposés en été, accessibles aux débutants, enfants comme adultes.

**Adresse** Île Verte : 39 quai Jongkind, 38000 Grenoble et pont d'Oxford : 1 allée Rose-Valland, 38000 Grenoble, www.aviron-grenoblois.com | **Transports en commun** Tram B, arrêts Île-Verte ou Pont-d'Oxford | **Horaires d'ouverture** Plannings d'entraînements disponibles sur le site | **À savoir** En été, le club propose des balades commentées sur l'Isère en canoë en collaboration avec l'office de tourisme de Grenoble.

# 10 Le baptistère

*Vie à l'époque romaine*

C'est un des lieux les plus mystérieux de Grenoble, caché sous terre et découvert lors de la campagne de fouilles préalable aux travaux de la ligne de tramway B. Peu de Grenoblois réalisent que l'histoire de leur ville a débuté il y a plusieurs siècles déjà, puisque la région est habitée depuis l'époque romaine. La cité portait alors le nom de Cularo, plus tard changé pour Gratianopolis, qui a fini par donner Grenoble. La religion chrétienne serait arrivée dans la région vers le IVe siècle avec l'installation du premier évêque supposé de Grenoble, Domnin, en 381. Ce baptistère a été découvert sous le groupe épiscopal de la cathédrale Notre-Dame : il daterait de la fin du IVe ou du début du Ve siècle, mais a été plusieurs fois modifié entre le Ve et le Xe siècle.

Le rituel du baptême par immersion comportait cinq étapes : l'exorcisme (le candidat déclarait renoncer à Satan), l'onction (l'huile sainte était administrée), l'immersion (le candidat était plongé trois fois dans l'eau du bassin du baptistère), l'onction chrismale (l'évêque signait le baptisé) et le lavement des pieds. Si, au départ, seul l'évêque pouvait baptiser les nouveaux chrétiens, les baptêmes ont commencé à être également effectués par les prêtres à partir du VIIe siècle, et ce, tous les jours afin de pouvoir accueillir tous les nouveaux croyants, enfants comme adultes. Le rituel du baptême lui-même a évolué au fil du temps ; le bâtiment a donc été modifié afin de faire circuler l'eau à travers une colonnette centrale creuse et de la faire retomber sur le baptisé. Les vestiges de ce système sont toujours visibles aujourd'hui, bien que le baptistère ait été détruit quelques siècles plus tard. Après cela, les baptêmes étaient réalisés sur les fonts baptismaux dans la cathédrale.

Le parcours de visite permet de descendre sous le niveau actuel de la ville et d'observer les vestiges romains tels que des ruines d'édifices religieux, mais également des anciens remparts, en déambulant sur des passerelles.

**Adresse** 2 rue Très-Cloîtres, 38000 Grenoble | **Transports en commun** Tram B, arrêt Notre-Dame-Musée | **Horaires d'ouverture** Accès par le musée de l'Ancien Évêché, ouvert le lundi, le mardi, le jeudi, le vendredi de 9 h à 18 h, le mercredi de 13 h à 18 h, le samedi et le dimanche de 11 h à 18 h | **À savoir** Les vestiges archéologiques se trouvent au sous-sol du musée, mais les étages proposent des expositions très intéressantes qui changent régulièrement.

# 11 Le Bar Radis

*Haut lieu de l'agriculture urbaine*

Unique, le Bar Radis l'est dans tous les sens du terme. Situé sur le toit d'un immeuble de 15 mètres, le lieu surplombe la ville de Grenoble et offre un point de vue inédit dans ce quartier. À deux pas de la Bifurk (voir chap. 17) et du parc Flaubert, le Bar Radis est le tout premier *rooftop* de l'agglomération.

Alors que le quartier Flaubert subissait un important renouveau urbain, de nombreux immeubles d'habitation sortirent de terre sans être pourvus de garages souterrains. En effet, on décida plutôt de créer un parking en silo dans un immeuble dédié, tout en favorisant les modes de transports actifs. La Ville lança un appel d'offres pour occuper l'espace exceptionnel sur le toit du garage. Pour y répondre, trois entités se réunirent en Scop – l'association Cultivons nos toits, le restaurant Tête à l'Envers et la micro-brasserie Maltobar – afin de monter un projet innovant et sont parvenues à séduire la mairie pour obtenir ce marché. Ce projet a permis de faire naître un lieu aux multiples facettes : sur 2 400 mètres carrés se répartissent un restaurant servant des plats faits maison à base de produits locaux, une terrasse avec vue imprenable sur les massifs et une surface de près de 1 000 mètres carrés dédiée à la culture maraîchère urbaine. Centré sur la question de l'alimentation durable, le Bar Radis propose également des ateliers destinés au grand public, une serre et un café associatif visant à offrir un lieu de rencontre et d'échanges aux habitants du quartier. Le projet a aussi vocation à aider les nouveaux entrepreneurs à se lancer en leur dédiant un espace.

Le Bar Radis offre une riche programmation d'événements : des conférences sur les thèmes de l'environnement et de l'écologie, mais également des soirées théâtre, des concerts, etc. La ferme urbaine propose régulièrement des visites à destination des adultes ou des enfants pour découvrir la serre, la ruche, l'hôtel à insectes ou encore la grainothèque.

Adresse 15 rue Gustave-Flaubert, 38100 Grenoble | Transports en commun Tram A, arrêt Maison-de-la-Culture | Horaires d'ouverture Restaurant : du lundi au samedi de 12 h à 14 h, du mercredi au samedi de 18 h à 22 h. Bar : le mardi et le mercredi de 18 h à minuit, du jeudi au samedi de 18 h à 1 h. Café Asso : le lundi de 14 h 30 à 20 h 30, du mardi au vendredi de 14 h 30 à 18 h | À savoir La programmation des différents événements et ateliers est disponible sur le site www.lebarradis.fr.

# 12 Les batteries du Néron

*Un vestige militaire perdu en pleine montagne*

Une promenade dans le massif de la Chartreuse permet de se rendre sur le site d'un ancien ouvrage militaire, la batterie du Néron. Les batteries étaient des constructions militaires défensives permettant de stocker des pièces d'artillerie. Les batteries du Neyron ainsi que celles du Quichat servaient à renforcer le dispositif du fort Saint-Eynard, sur l'autre versant de la Chartreuse, pour défendre Grenoble. La batterie du Néron fut construite entre 1891 et 1893. Elle était constituée de six emplacements pour les pièces d'artillerie et d'un bâtiment de deux étages pour le personnel militaire. Le tunnel adjacent abritait également un magasin sous roc, servant à stocker les munitions et la poudre en les préservant des éventuels bombardements grâce à la roche épaisse de la montagne.

L'itinéraire de cette petite randonnée, adaptée aux familles avec enfants, démarre au hameau de la Ripaillère, où il faudra laisser son véhicule. Il emprunte ensuite un chemin quasiment plat, l'ancienne route menant à la batterie au XIX^e^ siècle. Il n'est pas rare d'y croiser des vététistes venus profiter de ce chemin facilement accessible. La route offre une très belle vue sur le village en contrebas ainsi que sur les différents sommets de la Chartreuse. Le milieu du chemin est marqué par la traversée d'un tunnel d'une cinquantaine de mètres débouchant sur la batterie. Prêtez bien attention aux cavités se trouvant sur le côté : c'est là que le matériel était stocké. Au bout du tunnel, la batterie se trouve sur la gauche. Le bâtiment conserve une jolie façade (malheureusement détériorée par des graffitis), mais le toit a disparu et presque tout l'intérieur s'est effondré.

Le retour s'effectue par une petite boucle partant sur la gauche du tunnel sans le traverser. Un passage avec une forte pente s'ensuit, interdit aux vélos. La promenade se termine ensuite par un tour dans le hameau, entre ânes curieux et vaches broutant les pâturages.

Adresse Lieudit Ripaillère, route de Narbonne, 38950 Saint-Martin-le-Vinoux | Accès Depuis Grenoble, prenez la D57 et tournez sur la route de Narbonne jusqu'à Ripaillère. Stationnez au niveau de l'arrêt de bus du même nom | À savoir Cette balade est également possible à dos d'âne ! Au Pas de l'Âne propose des circuits d'une heure, d'une demi-journée ou d'une journée (3169 route de Clémencières, 38950 Saint-Martin-le-Vinoux, www.anechartreuse.fr).

# 13 Beer Square

*Explorateur de bières*

Il était une fois une start-up grenobloise qui se lança dans le business des box de dégustation, mais pas n'importe lesquelles. L'idée des créateurs était de faire tester aux abonnés des bières du monde entier en leur proposant une sélection des boissons directement dans leur boîte aux lettres. Créée par un binôme de passionnés en 2013, la petite entreprise s'est agrandie face au succès rencontré et a accueilli de nouveaux collaborateurs et collaboratrices, dont des « biérologues » (appelés également zythologues) qui sélectionnent les meilleures bières du marché. Au fil du temps, l'offre s'est étoffée, et les quelque 200 000 abonnés ont maintenant le choix entre plusieurs modèles de box : initiation 18 bières, calendrier de l'Avent, antigaspi, bières du monde… et même un kit de brassage pour faire sa mixture à la maison ! Il leur est également possible de commander simplement un assortiment de bière personnalisé.

Forte des retours de ses fidèles abonnés, l'entreprise a démarré, en 2017, sa propre production en ouvrant une brasserie. Elle a ainsi mis au point plusieurs dizaines de recettes de bière à partir de l'eau réputée de Grenoble et commencé la culture de son houblon bio, utilisé pour la confection des bières. Encore une réussite : ses créations lui ont valu pas moins de 11 prix en France et à l'étranger. Malheureusement, la crise du Covid-19 a obligé l'entreprise à fermer la brasserie, tout en maintenant ses autres activités.

Car, en parallèle de la fabrication de la bière, les gérants ont ouvert le bar Une Petite Mousse au printemps 2019 dans l'ancien quartier industriel Bouchayer-Viallet. Le bar est d'ailleurs installé dans une magnifique halle industrielle du siècle dernier. L'établissement, qui s'appelle désormais Beer Square, propose 16 bières pression accompagnées de délicieuses gaufres salées ou sucrées, un concept emprunté aux Lillois.

Adresse 5 esplanade Andry-Farcy, 38000 Grenoble, www.unepetitemousse.fr | Transports en commun Tram A, arrêt Berriat-Le-Magasin | Horaires d'ouverture Bar-restaurant ouvert du lundi au samedi de 17 h à 23 h 30. Réservation vivement conseillée | À savoir L'équipe tient un blog (et un podcast nommé *Potentiels*) qui fourmille d'informations sur la bière, mais également sur l'actualité locale (www.unepetitemousse.fr/blog/).

# 14 La Belle Électrique

*La musique dans tous ses états*

La dernière-née des salles de spectacle grenobloises est sortie de terre en 2015 dans le quartier Berriat. Toute de vitres vêtue, La Belle Électrique se donne des allures de bâtiment venu tout droit du futur et détonne dans cet ancien secteur ouvrier.

Bien qu'appartenant à la Ville de Grenoble, la salle est gérée par une association, Mix Lab, créée spécifiquement pour cette tâche en 2007 à la suite d'un appel d'offres de la municipalité. Depuis 2012, l'association organise notamment le Festival Jour&Nuit, un événement musical gratuit en journée et payant à partir de minuit. Initialement dispersés en plusieurs endroits de la ville, les concerts de la manifestation ont désormais tous lieu à La Belle Électrique, sur trois scènes différentes où les groupes se succèdent presque en continu pendant trois jours. L'association Mix Lab fonctionne grâce au travail de salariés et de bénévoles : c'est le cas notamment des six membres du conseil d'administration qui se relaient en binôme mixte pour assurer la représentation tous les quatre mois.

L'acoustique de La Belle Électrique convient particulièrement aux musiques amplifiées. La salle peut accueillir jusqu'à 1 016 spectateurs, dont 525 dans la grande fosse située toute proche de la scène. Petite particularité : un bar se trouve à l'intérieur même de la pièce où se jouent les concerts, pensée pour offrir une vue toujours dégagée sur les artistes et permettre une grande mobilité aux spectateurs. La scène dispose, quant à elle, d'une grande profondeur, laissant suffisamment d'espace pour des décors très recherchés.

Dès son ouverture, la salle a accueilli des artistes de renommée internationale, mais également de nombreux acteurs de la scène locale. Différents styles de musique sont représentés ici, de la pop au rap en passant par tous les styles de rock. L'électro reste cependant le genre le plus courant.

Adresse 12 esplanade Andry-Farcy, 38000 Grenoble, www.la-belle-electrique.com | Transports en commun Tram A, arrêt Berriat-Le-Magasin | Horaires d'ouverture Selon la programmation, à consulter sur le site internet | À savoir La Belle Électrique est également un bar-restaurant qui accueille régulièrement des événements. Le restaurant ouvre tous les midis du lundi au vendredi et propose une cuisine à base de produits frais en circuit court à déguster en salle ou sur sa grande terrasse.

# 15 Le belvédère de Chalais

*Sur les traces des Chartreux*

Le belvédère de Chalais, dans les falaises de la Chartreuse, est accessible par une petite route serpentant depuis la commune de Voreppe en contrebas. Le départ du sentier se trouve entre les deux premiers parkings : le balisage est clairement indiqué et le parcours très accessible malgré quelques passages rocheux, même aux personnes à mobilité réduite, comme l'indique l'affichage.

Dès les premiers pas, une belle vue s'ouvre sur le magnifique monastère de Chalais. Ce lieu est habité depuis le XI^e^ siècle par des moines, d'abord de l'ordre de Chalais, qui fut rattaché à l'ordre des Chartreux au XIV^e^ siècle. Il devint ensuite un couvent dominicain après la Révolution française, et il est aujourd'hui occupé par des sœurs moniales dominicaines, qui ont réhabilité les lieux depuis le rachat des bâtiments à une famille dauphinoise en 1963. Le monastère accueille toujours, comme il le faisait autrefois, des personnes désirant faire une retraite spirituelle.

Le chemin menant au belvédère a été créé à la fin du XVII^e^ siècle par les moines chartreux pour leur promenade hebdomadaire. Plongé dans un silence agrémenté du chant des oiseaux, le sentier invite au calme et à l'introspection. Des installations disséminées le long du parcours incitent le visiteur à prendre le temps d'observer, d'écouter et de s'immerger dans l'environnement. De petites citations poétiques ou littéraires ponctuent le trajet, insinuant parfois des paroles de chansons populaires dans la tête. Le chemin est aussi équipé de bancs placés à intervalles réguliers, pour marquer une pause ou méditer.

Au bout d'un petit kilomètre et demi de marche agréable, le belvédère se dévoile au-dessus de la falaise. La plateforme en bois offre une vue panoramique sur toute la vallée de l'Isère jusqu'au nord de l'agglomération grenobloise, ainsi que sur l'imposant massif du Vercors juste en face.

**Adresse** Monastère de Chalais, 4581 route de Chalais, 38340 Voreppe, www.chalais.fr | **Accès** Depuis Grenoble, prenez la N481, l'A48 et la D3 en direction de Voreppe | **À savoir** Le monastère propose à la vente de délicieux biscuits produits sur place par les nonnes. Si la majorité des bâtiments ne se visitent pas, il est possible d'accéder à l'église abbatiale inscrite au titre des monuments historiques. Une partie de l'édifice date de l'ancienne église romane du XII$^{e}$ siècle.

# 16 La bibliothèque municipale

*Le patrimoine libéré*

À la fin du XVIII^e^ siècle, lorsque l'évêque de Grenoble Jean de Caulet disparut, il laissa derrière lui une imposante bibliothèque privée de plus de 33 000 ouvrages. Une souscription, ancêtre de notre financement participatif, fut ouverte pour permettre aux Grenoblois de réunir la somme nécessaire à l'acquisition de ces ouvrages. Des personnes de toutes les franges de la population participèrent et permirent de réunir les fonds nécessaires. Dans les années qui suivirent, le fonds s'enrichit rapidement de pièces provenant de dons privés : 6 000 ouvrages offerts par l'ordre des avocats, d'autres par Henri Gagnon, le grand-père du célèbre Stendhal, ou encore des pièces égyptiennes de l'abbaye de Saint-Antoine. La bibliothèque s'installa en 1773 dans les locaux de l'École centrale, ancien collège des jésuites et actuel lycée Stendhal. En 1808, Jacques-Joseph Champollion devint bibliothécaire et administra ce lieu pendant quelques années. À la fin du XIX^e^ siècle, la bibliothèque municipale se vit enfin dotée pour la première fois d'un magnifique bâtiment dédié, le musée-bibliothèque (voir chap. 77).

Dans les années 50, la construction d'un nouveau bâtiment fut entamée sur le boulevard Maréchal-Lyautey : imaginé dans un premier temps pour accueillir les fonds universitaires, il fut finalement affecté à la bibliothèque municipale qui quitta définitivement la place de Verdun. Il s'agit aujourd'hui de la bibliothèque d'étude et du patrimoine, qui a d'ailleurs reçu le label Patrimoine du XX^e^ siècle pour son architecture. C'est en ces lieux que sont conservées de nombreuses pièces précieuses, comme des documents liés à la Révolution française, les manuscrits de Stendhal ou encore l'ensemble des publications originales de Jean-François Champollion. Ces ouvrages rares sont parfois présentés lors d'expositions thématiques.

Adresse 12 boulevard Maréchal-Lyautey, 38000 Grenoble | Transports en commun Tram A/C, arrêt Chavant | Horaires d'ouverture Du mardi au vendredi de 10 h à 19 h, le jeudi de 13 h à 19 h, le samedi de 10 h à 18 h. Pendant les vacances scolaires, du mardi au samedi de 13 h à 18 h | À savoir La bibliothèque abrite 23 kilomètres de rayonnages et plus de 20000 manuscrits (dont ceux de la Grande Chartreuse). Une artothèque au rez-de-chaussée permet d'emprunter gratuitement des œuvres pour les exposer chez soi. Lors des Journées du patrimoine, les coulisses de la bibliothèque sont ouvertes aux visiteurs.

# 17 La Bifurk

*Une friche très dynamique*

Au départ du centre-ville, la toute nouvelle voie cyclable Chronovélo n° 2 permet de circuler en toute sécurité en direction du sud de l'agglomération. La voie finit par déboucher sur une grande esplanade ceinte par une ancienne voie de chemin de fer, au centre de laquelle se dresse un imposant bâtiment industriel. Il s'agit de La Bifurk, installée dans les locaux d'une ancienne usine de fils télécom, un espace de vie où 13 associations œuvrent de concert pour proposer activités et services au grand public.

Ces friches industrielles, quand on y fait attention, sont relativement nombreuses dans notre région, vestiges d'une époque de folle expansion industrielle du XIX^e^ au début du XX^e^ siècle. Certains de ces bâtiments ont été rasés et remplacés par des immeubles d'habitation – c'est souvent le cas en centre-ville –, mais quelques-uns ont été conservés pour être réhabilités ou accueillir des projets innovants.

Installée au cœur du quartier Flaubert, La Bifurk est un lieu de pluriactivités de près de 4 000 mètres carrés : cette pépinière d'associations met à disposition ses locaux pour toutes sortes d'expérimentations. Ainsi, de nombreuses manifestations ont lieu telles que des expositions d'artistes en résidence, des événements sportifs, des concerts, des ateliers ou des spectacles. Les locaux hébergent différents équipements, dont un skatepark, un laboratoire photo, une salle de concert, une salle d'exposition et une salle de création d'arts numériques. C'est aussi à La Bifurk qu'a été créée la première plage urbaine permanente en France : elle offre tout un panel de loisirs, des plus classiques aux plus inattendus. Un café associatif récemment ouvert permet de faire de ce lieu un véritable espace de rencontre dans le quartier. Le parvis extérieur accueille un terrain de basket et plus ponctuellement des événements, comme les brocantes annuelles du quartier ou encore Les 48 h de l'agriculture urbaine.

Adresse 2 rue Gustave-Flaubert, 38100 Grenoble, www.labifurk.fr | Transports en commun Tram A, arrêt Mc2-Maison-de-La-Culture | Horaires d'ouverture Le planning des différents événements est disponible sur le site | À savoir Située face à La Bifurk, la Casa du projet Terra Nostra, prototype d'habitat en bois et terre, est un laboratoire de techniques d'écoconstruction. Ce lieu permet d'expérimenter et d'échanger autour de ces thématiques.

# 18 La Bobine

*La culture en musique*

La Bobine, comme son nom ne l'indique pas, est un lieu de promotion des activités musicales incluant une salle de concert, des studios de répétition et d'enregistrement, mais aussi un bar et un restaurant. Elle est le bébé de l'association Projet Bob / La Bobine, fondée en 1998 par une bande d'amis qui voulaient promouvoir leurs découvertes musicales. Pour ce faire, ils organisaient des concerts dans les salles de l'agglomération, avant de pouvoir exploiter leurs propres locaux dotés d'un studio d'enregistrement pour les artistes en résidence.

La Bobine était autrefois installée dans un immeuble proche de l'Estacade avec d'autres associations, jusqu'au jour où celui-ci fut détruit pour laisser place à un projet immobilier. Avec l'aide de la mairie, l'association finit par poser ses valises dans un ancien bowling construit dans les années 60 et fermé depuis 2001. Après 2 ans d'importants travaux pour réhabiliter les lieux, en partie effectués par les bénévoles eux-mêmes, le nouveau lieu de vie a ouvert ses portes en 2010.

L'association fonctionne grâce à un système ingénieux de commissions : chacune d'entre elles est une entité indépendante travaillant sur un thème particulier. Il en existe aujourd'hui neuf : Concerts, Apéros-concerts, Apéro-mix, Jeune public, Vie associative, Slam, Expositions, Théâtre, et la petite dernière, Terroir. Cette organisation participative permet d'offrir des activités très variées touchant un large public. Les commissions sont gérées par les bénévoles. Ces derniers sont plus d'une centaine, accompagnés d'une vingtaine d'employés. L'association organise des concerts d'artistes nationaux et internationaux, comme Asaf Avidan à ses débuts, mais également des apéros-concerts pour faire découvrir des artistes de la scène locale. Des expositions ont régulièrement lieu dans la salle principale et certains spectacles sont à destination du jeune public. Elle participe également aux manifestations du quartier.

Adresse 42 boulevard Clémenceau, 38000 Grenoble, labobine.net | Transports en commun Tram A/C, arrêt Chavant | Horaires d'ouverture Bar de l'association : le lundi de 12 h à 14 h, du mardi au samedi de 12 h à 14 h et de 18 h à 2 h. Restaurant de l'association : du lundi au vendredi de 10 h à 15 h (ouvert également le samedi en été). Événements selon la programmation, à consulter sur le site | À savoir Le restaurant et le bar disposent d'une très belle terrasse avec vue sur le parc Paul-Mistral. Elle est prise d'assaut en été.

# 19_La Brûlerie des Alpes

*Une histoire de famille*

En pénétrant dans le petit atelier de torréfaction situé à Fontaine, au pied des falaises du Vercors, le visiteur est aussitôt accueilli par une agréable odeur de café fraîchement moulu. Et pour cause, c'est ici que se déroule toute la production de la Brûlerie des Alpes. Ouverte depuis 1926, elle est la plus ancienne entreprise de torréfaction encore en activité à Grenoble. Au centre de l'atelier trône une imposante machine d'un autre âge : le torréfacteur, qui date tout de même de 1930. C'est grâce à lui qu'on torréfie les grains de façon artisanale et en quantité relativement restreinte. La technique utilisée ici permet de préserver au maximum les précieuses saveurs du café en limitant la montée en température à 180 degrés.

Les cafés travaillés par la maison font l'objet d'une sélection minutieuse : ils proviennent des quatre coins du monde et ont été spécialement choisis pour leur qualité. Issus de petites exploitations, ils sont cultivés sans pesticides, voire en agriculture biologique, et les fruits sont cueillis à la main. Le choix parmi plus de 20 cafés différents satisfera jusqu'aux palais les plus exigeants : La Brûlerie des Alpes propose même le café réputé être le meilleur du monde, provenant de l'île de La Réunion – cocorico !

Patricia a repris la brûlerie en 2011 : formée directement par l'ancien patron, elle détient aujourd'hui le titre de maître artisan torréfacteur. L'entreprise s'est développée et plusieurs membres de la famille ont rejoint l'affaire : la production a été déplacée à Fontaine il y a quelques années avec l'ouverture de l'atelier, et un nouveau coffee shop a récemment vu le jour à Montbonnot-Saint-Martin pour seconder la boutique historique de Grenoble. Afin de partager leur passion avec le grand public, Patricia et son compagnon Christophe proposent également des ateliers pour découvrir la torréfaction ou se former aux activités de barista.

**Adresse** 56 cours Jean-Jaurès, 38000 Grenoble et 1435 avenue de l'Europe, 38330 Montbonnot-Saint-Martin, www.labruleriedesalpes.fr | **Transports en commun** Tram A/B/E, arrêt Alsace-Lorraine | **Horaires d'ouverture** Boutiques : du mardi au vendredi de 9 h à 12 h 30 et de 14 h 30 à 19 h | **À savoir** Les ateliers proposés au grand public se déroulent dans des lieux différents : la torréfaction à Fontaine et l'initiation barista à Montbonnot (à réserver sur le site internet).

# 20_Le Café des Arts

*«La culture est ce par quoi nous devenons plus humains»*

Le Café des Arts se trouve au sein du quartier Saint-Laurent, dont l'histoire, qui remonte à l'Antiquité, l'esthétique et l'emplacement le long de l'Isère le distinguent radicalement du reste du centre-ville. Il n'en a pourtant pas toujours été ainsi, puisqu'il n'y a pas si longtemps, Saint-Laurent faisait partie des faubourgs les plus pauvres et les plus dégradés de Grenoble. Entre les années 60 et 90, le quartier a fait l'objet de plusieurs programmes de réhabilitation successifs afin de réduire l'insalubrité des logements et d'inciter les habitants, souvent modestes et issus de l'immigration, à y rester.

C'est dans ce contexte d'importante transformation urbaine que fut créé en 1981 le Café des Arts. Caché dans un vieil immeuble de la rue Saint-Laurent, il est installé dans l'ancien restaurant Pena del Santo, spécialiste de la musique latino-américaine dans les années 70. L'établissement, qui faisait également office de salle de spectacle, pouvait accueillir jusqu'à 80 spectateurs dans un espace configuré pour privilégier la proximité entre les artistes et le public. Dans cette atmosphère chaleureuse, le café associatif se donne pour mission d'être un lieu de rencontre et d'expression artistique. Ainsi sont organisés de nombreux événements, annoncés deux mois à l'avance sur le site internet : des concerts mettent régulièrement à l'honneur les musiques du monde, et les dîners-spectacles permettent d'apprécier à la fois un bon repas et une musique plaisante. Durant la semaine, le café propose des formations de théâtre, de lecture en public et de chant pour petits et grands.

C'est également dans ce lieu dédié aux arts que se déroulent chaque mois les rencontres « Café des Sciences », mises en place par l'association du même nom. Celle-ci organise des conférences et des débats sur des thèmes d'actualité, au cours desquels le public est invité à participer dans le cadre convivial offert par le café.

**Adresse** 36 rue Saint-Laurent, 38000 Grenoble, www.lecafedesarts38.fr | **Transports en commun** Tram B, arrêt Notre-Dame-Musée ; Bus 16, arrêt Xavier-Jouvin | **Horaires d'ouverture** Spectacles le jeudi, le vendredi et le samedi. Programme à consulter sur le site | **À savoir** L'étage du café est un joli salon aux pierres anciennes et poutres apparentes, où sont régulièrement organisées des expositions d'artistes français ou internationaux.

# 21 Le Café des Enfants

*Le monde des petits vu par les grands*

Comme le dit l'adage, il faut tout un village pour élever un enfant. Inspiré par cet esprit communautaire, ce café associatif se veut un lieu d'échanges, de détente et de rencontre entre les familles du quartier. Un lieu que les enfants peuvent explorer à leur guise en toute sécurité, sans que cela ne gêne personne, pendant que les parents sirotent tranquillement leur verre. D'ailleurs, le Café des Enfants est également appelé La Soupape, et on comprend aisément pourquoi !

Ici, tout est fait pour que les petits visiteurs se sentent chez eux, mais qu'ils gagnent aussi en autonomie : du mobilier aux couleurs vives, des tables et des chaises miniatures, des jouets à gogo, des jeux de société et des livres, rangés par tranche d'âge dans les étagères à leur hauteur, sont mis à leur disposition. Quand ils ont fini, ils doivent tout ranger à sa place grâce à des photos affichées un peu partout. Bien sûr, les adultes ne sont pas laissés sur la touche, puisque le café propose des boissons fraîches et chaudes ainsi que des plats du jour, végétariens et bios.

C'est en 2008 que l'association La Soupape a été créée afin d'accueillir le Café des Enfants. Une des deux fondatrices avait imaginé ce concept avant même de savoir qu'il existait déjà ailleurs ! Il est en fait né à Paris en 1999 : on peut retrouver aujourd'hui plusieurs cafés de ce type un peu partout en France, regroupés en une fédération internationale qui les engage à respecter une charte basée sur la Convention internationale des droits de l'enfant. Le but de l'association est de proposer un café classique adapté aux parents, mais également de soutenir le développement harmonieux des petits en proposant divers ateliers autour de la parentalité, de l'éveil ainsi que des ateliers créatifs pour tous les âges et des activités telles que le yoga, le théâtre, etc. Des assemblées d'enfants adhérents sont même organisées chaque année pour faire participer les plus jeunes à la vie de l'association.

Adresse 9 rue des Champs-Élysées, 38000 Grenoble, www.lasoupape.fr | Transports en commun Tram C, arrêt Vallier - Docteur-Calmette | Horaires d'ouverture En période scolaire, le lundi, le mardi, le jeudi et le vendredi de 9 h à 14 h, le mercredi et le samedi de 9 h à 18 h. En période de vacances, du lundi au samedi de 9 h à 18 h. Les horaires des activités sont à retrouver sur leur site internet | À savoir Sur un modèle un peu différent, l'association Parent'Aise propose un lieu d'accueil pour parents et enfants dans le quartier Notre-Dame (59 avenue Maréchal-Randon, 38000 Grenoble, parentaise.moostik.net).

# 22 Le Café de la Table Ronde

*Le doyen des cafés*

Situé au centre de la place Saint-André, dans l'un des quartiers les plus animés de la ville, le Café de la Table Ronde est le deuxième plus ancien café de France, après le café parisien Le Procope. Fondé en 1739 par Pierre Caudet dans un immeuble qui daterait de la fin du XVIIe siècle, l'établissement était idéalement situé près du Parlement – il a donc bien vite fait office de lieu de rassemblement des avocats et autres membres de la haute société grenobloise. En 1776, le café changea de mains : il fut dirigé par le couple Flandrin jusqu'en 1797, puis devint la propriété de Jacques-Louis Genoud, qui le renomma Café de la Table Ronde. Au fil du temps, le café acquit sa notoriété grâce à deux boissons « exotiques » très prisées : le café et le chocolat.

Une histoire d'amour est née dans ce café : celle de Catherine l'Amour, une jeune servante grenobloise de 16 ans et d'un certain Bernadotte, officier du régiment Royal-La Marine en garnison à Grenoble. Le 4 août 1789 naquit une petite fille, qui ne vécut malheureusement que quelques jours. La romance se termina mal : pendant que Catherine se mourait de misère, abandonnée par son amant, Bernadotte poursuivit sa brillante carrière pour devenir maréchal de France et finalement roi de Suède, rien que ça ! D'ailleurs, au fil des siècles, de nombreuses personnalités et artistes ont fréquenté ce café : Stendhal, Rousseau, Choderlos de Laclos, Brel ou encore Brassens.

Juste en face, on peut admirer à loisir le plus beau bâtiment du vieux Grenoble : l'ancien palais du parlement du Dauphiné. C'est le dauphin Louis (futur Louis XI) qui avait créé le Parlement en 1453 pour administrer ce petit État. À son tour, Louis XII fit construire cet édifice, achevé vers 1511, à l'emplacement de l'ancien palais des Dauphins pour y accueillir le Parlement et la Cour des comptes. Le bâtiment fut plusieurs fois remanié au fil des siècles, lui donnant ces deux faces de couleurs différentes.

Adresse 7 place Saint-André, 38000 Grenoble | Transports en commun Tram B, arrêt Notre-Dame-Musée | Horaires d'ouverture Du lundi au dimanche de 12 h à 14 h 30 et de 19 h à 22 h 30 | À savoir Prenez le temps d'observer les détails amusants semés sur la façade de l'ancien palais de Justice : des chiens, des escargots… mais qui représentent-ils ?

# 23 Le Café Vélo

*La roue tourne*

En 2014, à une époque pas si lointaine où le vélo se faisait péniblement une place dans nos villes embouteillées, naissait le petit Café Vélo dans le quartier Choriet-Berriat de Grenoble. Depuis, l'usage du vélo s'est développé partout en France et le regard du grand public sur ce mode de transport déjà plébiscité au siècle dernier a évolué.

Dans l'agglomération grenobloise, l'usage du vélo s'est renforcé avec l'essor des pistes cyclables sécurisées que l'on voit fleurir un peu partout dans l'agglomération, permettant au plus grand nombre de se déplacer sans crainte. La piétonnisation partielle du centre-ville, le coût du carburant, la crise du Covid-19, la pollution aux particules fines, les bouchons et les difficultés à se garer sont autant de facteurs en faveur de la pratique régulière du vélo. Heureusement, pour les plus frileux, Grenoble a la réputation d'être la ville la plus plate de France ! Ainsi, la métropole se retrouve chaque année classée parmi les villes les plus cyclables du pays et se devait donc d'avoir son lieu dédié à « la petite reine ».

De nombreux ateliers ont depuis fleuri dans la capitale des Alpes, mais le Café Vélo se démarque par le fait d'associer un lieu de vie à un atelier de réparation de cycles. En effet, la partie café-restaurant offre de délicieux repas locaux et végétariens aux clients, tandis que l'atelier accueille leurs montures en mal d'attention. Face au succès, l'endroit s'est agrandi avec l'ajout d'une scène et d'une terrasse extérieure. Le café propose également à ses clients des événements réguliers tels que des rencontres, des concerts ou des conférences. La terrasse, à l'abri de la circulation, permet de profiter de son repas à l'ombre de la pergola. Côté atelier, on accueille votre vélo pour toutes les réparations classiques ; le réemploi des pièces est privilégié afin de réduire l'impact environnemental et de petits accessoires sont proposés à la vente.

Adresse 59 rue Nicolas-Chorier, 38000 Grenoble, www.cafe-velo.fr | Transports en commun Tram A/B, arrêt Saint-Bruno | Horaires d'ouverture Le lundi et le vendredi de 9 h à 19 h, du mardi au jeudi de 9 h à 23 h. Les événements sont annoncés sur le site | À savoir L'association grenobloise uN p'Tit véLo dAnS La Tête propose également de réparer vos vélos… en vous formant (www.ptitvelo.net) !

# 24 La Capsule

*Une pépinière d'associations*

Située au cœur de Grenoble, La Capsule est un lieu aux multiples facettes qui réunit sous un même toit des associations aux activités différentes, mais avec un objectif commun : l'éducation populaire des jeunes de 16 à 35 ans – même si les autres publics sont évidemment les bienvenus dans ces initiatives. Son but est d'offrir des savoirs non enseignés dans le système éducatif classique, qui est loin d'être adapté à tout le monde. L'éducation populaire permet ainsi d'acquérir des compétences de niche ou difficiles d'accès sans accompagnement spécifique. Les associations de La Capsule, un joyeux mélange aux domaines parfois complémentaires, sont orientées vers l'éducation sous toutes ses formes : le restaurant Le Bouillon, géré par des employés, bénévoles et apprentis, ou l'association Shaolin Shadow, qui propose une école de cinéma gratuite pour se former aux métiers de l'audiovisuel, en sont de bons exemples.

L'association Cap Berriat, qui chapeaute cette pépinière, a été créée il y a 50 ans afin d'accompagner les jeunes dans leurs différents projets et permettre aux petites associations de se développer. Pour mener à bien cette mission, elle avait besoin d'un lieu assez polyvalent afin d'accueillir tous types d'activités. C'est ainsi qu'en 2020 ce bâtiment – une ancienne ébénisterie et école de coiffure en friche depuis 10 ans – a été rénové en grande partie par des bénévoles. Il abrite désormais différents espaces : un espace restauration et café solidaire, des bureaux, des salles de réunion à louer et un espace de coworking pour les projets. Vous y trouverez aussi un Média Lab tout équipé ainsi qu'un Bio Lab qui, pour la petite anecdote, a vu démarrer une activité de culture de champignons !

Cap Berriat héberge aujourd'hui pas moins de 180 associations portées par des jeunes, qui ont leur siège social dans les locaux, y officient ou sont simplement accompagnées par la structure.

**Adresse** 21 rue Boucher-de-Perthes, 38000 Grenoble, www.cap-berriat.com | **Transports en commun** Tram A, arrêt Berriat-Le-Magasin ; Bus C5, arrêt Cémoi | **Horaires d'ouverture** Accueil : du lundi au vendredi de 9 h à 12 h et de 14 h à 18 h. L'espace galerie est ouvert à tous et présente des expositions régulières | **À savoir** Le Bouillon, le restaurant associatif, écologique et solidaire, accueille les clients tous les jours du lundi au vendredi de 9 h 30 à 17 h. De nouveaux projets vont voir le jour dans cet espace pour élargir l'activité.

# 25 La Casamaures

*De folie orientaliste à résidence d'artistes*

Un palais à l'architecture orientale se dressant à l'entrée de Grenoble, voilà qui a de quoi surprendre les visiteurs ! Ce mystérieux édifice fut bâti par Joseph Julien, dit Cochard, au milieu du XIX$^{e}$ siècle. Les travaux durèrent près de 5 ans et mobilisèrent les meilleurs artisans de la région. Cependant, peu de temps après, le propriétaire se retrouva ruiné à la mort de sa riche épouse – elle l'avait déshérité à la suite de ses infidélités ! La maison fut donc vendue et passa de main en main, si bien qu'elle connut 13 propriétaires différents jusqu'à nos jours. Elle traversa quelques périodes sombres, notamment durant la Première Guerre mondiale au cours de laquelle ses vitraux furent balayés par l'explosion d'une poudrière à Grenoble, puis pendant les années 70, où elle fut squattée et durablement endommagée.

En raison de la spéculation immobilière, le palais échappa de peu à la destruction et fut sauvé par une artiste grenobloise qui décida de l'acquérir en 1981. Commença alors une longue période de réhabilitation pour réparer les ravages du temps et offrir une seconde vie à celle qui est désormais appelée la Casamaures.

L'édifice est classé monument historique pour ses particularités architecturales : c'est en effet un des premiers exemples de structure en ciment naturel, dépourvue d'ossature métallique, et tous ses décors sont également en ciment moulé, imitant avec succès les décors orientaux traditionnels. Autre originalité : l'utilisation du bleu Guimet, un pigment artificiel, pour rehausser la façade – une première en architecture ! La villa s'étend sur quatre niveaux au sein d'un jardin oriental luxuriant parsemé d'œuvres d'art contemporain. La visite guidée proposée par l'association Casamaures d'hier et d'aujourd'hui permet de découvrir les salons intérieurs et leurs fresques murales invitant au voyage, ainsi que les extravagances de son bâtisseur, comme son cabinet de curiosités ou son jardin d'hiver démesuré.

Adresse 58 allée de la Casamaures, 38950 Saint-Martin-le-Vinoux, www.casamaures.org | Transports en commun Tram E, arrêt Casamaures-Village | Horaires d'ouverture Des visites guidées sont organisées tous les mois, consultez le site internet | À savoir La Casamaures est également une résidence d'artistes. Trois ateliers sont installés dans ses murs : photographie, sculpture et fabrication de cadrans solaires. N'hésitez pas à y faire un tour lors de votre visite.

# 26 La Casemate

*Laboratoire d'innovations*

Sur les quais de l'Isère, au niveau de la porte Saint-Laurent d'où l'on prenait autrefois la route de la Savoie, se trouvent les bâtiments de la Casemate. Une casemate est un bâtiment militaire à l'épreuve des tirs ennemis permettant de stocker du matériel ou d'abriter les troupes. Celle-ci a été construite en 1830 pour compléter les fortifications de la Bastille et faisait partie du projet ambitieux de renouvellement des fortifications de la ville au XIX^e siècle.

Aujourd'hui classés, les bâtiments ont conservé leur aspect d'origine : les salles de travail et d'exposition sont voûtées, tout en pierres apparentes. Les seules modifications modernes visibles sont les larges baies vitrées permettant d'isoler l'édifice. L'association Casemate a vu le jour en 1979 et fut le premier Centre de culture scientifique, technique et industrielle créé en France ; il en existe aujourd'hui près d'une quarantaine. Comme son nom l'indique, celui-ci se donne pour but de diffuser la culture scientifique auprès du grand public au moyen d'expositions interactives, d'ateliers ouverts à tous et de conférences avec des intervenants d'univers variés. La structure pilote aussi de grands événements tels que la Fête de la science dans le département ou le Space Consortium, projet à destination des enfants.

La Casemate héberge également une structure unique à Grenoble : un fablab très bien équipé, situé au premier étage du bâtiment. Il s'agit d'un concept venu des États-Unis, plus précisément du MIT, qui consiste à mettre en partage libre des machines, des compétences et des savoirs. Le fablab de la Casemate propose à ses adhérents plus d'une dizaine de machines professionnelles telles que des imprimantes 3D, des brodeuses, des machines de découpe laser, etc. Leur utilisation est ouverte à tous après une petite formation. Ce lieu permet de s'initier à de nouvelles technologies, mais également de monter des projets, aidé par les animateurs.

Adresse 2 place Saint-Laurent, 38000 Grenoble, lacasemate.fr | Transports en commun Tram B, arrêt Île-Verte ; Bus 16, arrêt Saint-Laurent | Horaires d'ouverture Le mardi et le jeudi de 9 h à 12 h et de 13 h 30 à 21 h, le mercredi et le vendredi de 9 h à 12 h et de 13 h 30 à 18 h, le samedi de 14 h à 18 h. Les locaux sont accessibles à tous, mais l'utilisation des machines se fait uniquement sur abonnement | À savoir L'équipe de la Casemate Grenoble gère le site internet *Echosciences Grenoble*, qui partage des informations scientifiques sur différentes innovations ainsi qu'un planning d'événements culturels autour de la science (www.echosciences-grenoble.fr).

# 27 Les caves de la Chartreuse

*Un secret bien gardé*

L'histoire des moines chartreux commença en 1084, lorsqu'un religieux du nom de Bruno se mit à la recherche d'un lieu isolé propice au recueillement. L'évêque de Grenoble proposa alors au moine et à ses six compagnons de s'installer au désert de Chartreuse – appelé ainsi à l'époque, car totalement inhabité et difficile d'accès. Les moines y fondèrent l'ordre des Chartreux, un des plus anciens ordres religieux chrétiens. Ils bâtirent également un monastère placé sous la protection de l'évêque, le futur saint Hugues, qui interdit tout passage sur leurs terres.

L'ordre des Chartreux a toujours trouvé des moyens de subsistance autonomes : dans les premiers temps, les moines devinrent éleveurs, puis maîtres de forges grâce aux mines présentes sur leur domaine. En 1605, le duc d'Estrées confia aux moines un mystérieux manuscrit listant 130 plantes, formule d'un élixir de longue vie. Ils passèrent plus d'un siècle à étudier la recette particulièrement compliquée avant que la première liqueur ne voie le jour, en 1764. En 1840, deux versions plus douces furent créées : la Chartreuse jaune et la Chartreuse verte. Expulsés pendant la Révolution française, les moines durent interrompre la production, mais protégèrent la recette secrète. La distillation reprit en 1816, mais un nouveau rebondissement intervint : les moines furent à nouveau expulsés de leur monastère par l'armée française en 1903. Ils se retirèrent en Espagne où ils avaient acquis une usine quelques années plus tôt et y fabriquèrent la Tarragone – le nom Chartreuse leur avait aussi été confisqué. Ce n'est qu'en 1921 que la production put reprendre en France.

Le musée des caves de la Chartreuse, rouvert en 2022 après d'importants travaux de rénovation, retrace l'histoire des moines et du succès de leur boisson. La visite guidée se termine par la découverte des caves abritant les derniers fûts de Chartreuse, la production ayant été déplacée sur un autre site.

Adresse 10 boulevard Edgar-Kofler, 38500 Voiron, www.chartreuse.fr | Transports en commun Depuis Grenoble, prenez l'A48 en direction de La Buisse. Prenez la sortie 11 et continuez sur la D121 jusqu'à Voiron | Horaires d'ouverture Visites guidées seulement, à réserver sur www.chartreuse.fr/cave-de-la-chartreuse | À savoir Le célèbre monastère de la Grande Chartreuse ne se visite pas afin de préserver la quiétude des moines, mais un musée présentant la vie des Chartreux a été créé. Il s'agit de la Correrie de la Grande Chartreuse, située juste sous le monastère (www.musee-grande-chartreuse.fr).

# 28 Le centre de tri Athanor

*La vie secrète de nos déchets*

Aujourd'hui, tous les produits que nous achetons sont conditionnés dans des emballages : en effet, ceux-ci facilitent le transport et la conservation, mais servent également de support aux messages marketing. Notre consommation ne cesse d'augmenter, engendrant toujours plus d'emballages dont le destin est de finir à la poubelle après une utilisation unique. Dans la métropole grenobloise, l'ensemble des habitants produit 8 kilos de déchets par seconde ! Plusieurs actions (compost, réemploi, tri) sont entreprises pour réduire progressivement ce volume dans les prochaines années, avec l'objectif de le diviser par deux d'ici 2030.

Le centre de tri Athanor a été construit en 1989 et absorbe les déchets de Grenoble Alpes Métropole, du Pays voironnais et du Grésivaudan, ce qui représente environ 500 000 habitants. L'incinérateur date des années 70 et permet notamment de produire une partie de l'énergie destinée au chauffage urbain. Ces deux équipements peuvent traiter respectivement 40 et 180 tonnes de déchets par an. Ils font l'objet d'une modernisation pour mieux transformer et valoriser ces matières tout en limitant les rejets dans l'atmosphère.

Ce qu'il advient des déchets jetés en poubelle jaune (bac de tri) demeure un vrai mystère pour le commun des mortels. Ces emballages acheminés au centre de tri sont déversés dans une immense fosse, puis acheminés dans un tunnel ressemblant à un tambour de machine à laver où les différentes matières sont séparées. Ils passent ensuite sur un tapis à rebond pour un deuxième tri en fonction de leur forme et de leur poids. Enfin, une équipe élimine manuellement les « monstres », c'est-à-dire les erreurs de tri, pour les incinérer. Les différentes matières – plastique, papier, carton et métal – sont ensuite compactées en ballots pour être expédiées à des usines de recyclage et commencer leur nouvelle vie.

Adresse 50 rue de la Carronnerie, 38700 La Tronche | Transports en commun Tram B, arrêt Grand-Sablon ; Bus C1, arrêt Carronnerie-Île-d'Amour | Horaires d'ouverture Des visites guidées sont parfois organisées par la Metro, sur inscription, sur leur site www.grenoblealpesmetropole.fr | À savoir Un nouveau centre de tri est en construction en face de l'existant : ce nouveau bâtiment aura une plus grande capacité, avec des équipements plus modernes et permettra un meilleur accueil du public. Cette communication est primordiale, car le taux d'erreur de tri dans l'agglomération est de 38 %, bien supérieur à la moyenne nationale.

# 29_Le CHAI

*Anamnèse d'un hôpital historique*

L'histoire du CHAI, le centre hospitalier Alpes-Isère, remonte au Moyen Âge. Au XI^e siècle, un monastère, appelé Saint-Robert, fut bâti par les comtes d'Albon, seigneurs du Dauphiné, afin de leur servir de lieu de sépulture. Ce prieuré fut placé sous la protection des dauphins, puis des rois de France. C'est ainsi qu'en 1691, Louis XIV y ordonna la construction d'un hôpital pour les blessés des batailles de l'armée d'Italie sous la responsabilité des moines. Le prieuré fut partiellement détruit lors des guerres de Religion, puis reconstruit au cours du XVII^e siècle.

En 1812, l'ensemble fut transformé en dépôt de mendicité : on y enfermait les indésirables, tels que les prostituées, les mendiants, les malades mentaux et autres laissés-pour-compte. Ceux-ci pouvaient sortir au bout d'un an après s'être « rendus habiles à gagner leur vie de leurs mains ». Lorsque le centre devint un asile d'aliénés, le docteur Louis Antoine Evra, un militant socialiste parisien, en prit la direction. Influencé par les théories du médecin Philippe Pinel, précurseur de la psychiatrie et auteur de la première classification des maladies mentales, le docteur Evra effectua un travail important sur l'environnement de ses patients. Il transforma l'asile de Saint-Égrève en privilégiant l'accès à l'extérieur pour les malades et supprima les barreaux malgré la forte opposition de l'administration de l'époque. « De l'espace, de l'air, de la lumière, du soleil, des eaux abondantes et bonnes […] pour assurer leur traitement » : une vision novatrice au XIX^e siècle.

Au début du XX^e siècle, la prise en charge des nombreux malades se dégrada fortement avant l'arrivée de nouveaux traitements et une transformation profonde de la pratique psychiatrique dans les années 60 et 70. De récents travaux d'agrandissement ont préservé certains bâtiments d'origine et ont permis d'aménager la chapelle, qui accueille aujourd'hui des concerts, des spectacles et des conférences à destination du grand public.

Adresse 3 rue de la Gare, 38120 Saint-Égrève | Transports en commun Tram E, arrêt La-Pinéa-Saint-Robert | Horaires d'ouverture La cour du centre hospitalier est libre d'accès en respectant la tranquillité des lieux. Des visites guidées sont proposées avec l'office de tourisme de Grenoble lors des Journées du patrimoine | À savoir Une autre structure de la même époque se trouve dans la commune : l'ancien orphelinat de Saint-Égrève, érigé entre 1880 et 1900, accueillait des petites filles dans des conditions de vie parfois très difficiles (rue des Brieux, 38120 Saint-Égrève).

# 30 La Chapelle

*Cuisine cosmopolite*

À la fin du XIXe siècle, une école fut érigée dans la rue des Bains afin d'offrir une éducation aux jeunes filles des classes ouvrières, dans ce qui était à l'époque un quartier pauvre. Appartenant à la congrégation des sœurs de Notre-Dame de la Croix de Murinais, les bâtiments abritaient alors une école payante et une gratuite pour les plus démunies ainsi qu'une chapelle. Ils hébergeaient également des « pensionnaires », des dames âgées dont s'occupaient les sœurs.

Les lois de 1901 sur la séparation de l'Église et de l'État firent craindre la confiscation des locaux. Le docteur Perriole, qui dispensait déjà les soins aux pensionnaires, décida donc d'y ouvrir une clinique. Cette action permit de sauver les bâtiments, mais pas l'école ni les sœurs qui y officiaient. Celles d'entre elles qui ne travaillaient pas comme infirmières furent contraintes de se séculariser ou de quitter le pays. La clinique continua à fonctionner et évolua pour s'adapter aux nouveaux besoins. Elle servit d'hôpital pendant la Première Guerre mondiale, s'étoffa d'une école d'infirmières et d'une maternité dans les années 30, puis devint un centre de santé important, qui accueillait 15 000 malades par an au cœur de Grenoble. Dans les années 2000, l'activité fut transférée dans d'autres établissements, et les locaux de la rue des Bains désaffectés. Un projet immobilier entraîna la démolition de l'ensemble ; ne furent conservées que la chapelle et une aile perpendiculaire.

Ouvert en 2019, le restaurant La Chapelle a gardé les éléments historiques du lieu, comme les vitraux et l'escalier en colimaçon remarquable au fond de la salle. De plus, un soin particulier a été apporté à la décoration constituée uniquement d'objets d'occasion, parfois inattendus, comme cette pince de levage qui surplombe le comptoir ! La carte proposée par Flore et Fernando tire ses influences des quatre coins du monde : de la focaccia italienne au bo bun vietnamien en passant par le burger.

**Adresse** 5 rue des Bains, 38000 Grenoble, www.lachapellegrenoble.com | **Transports en commun** Tram A/B/E, arrêt Alsace-Lorraine | **Horaires d'ouverture** Tous les jours sauf le dimanche et le lundi de 11 h 45 à 14 h et de 19 h à 23 h | **À savoir** Dans le même esprit, deux autres restaurants affiliés proposent des menus similaires dans des lieux exceptionnels : Ici Grenoble, face au théâtre Sainte-Marie-d'en-Bas, et la Veyrie, à Bernin, avec vue sur Belledonne.

# 31 La chartreuse de Prémol

*Une chartreuse en… Belledonne*

La chartreuse de Prémol, dans le massif de Belledonne, est l'un des tout premiers monastères de femmes de l'ordre des Chartreux, une branche fondée au XIIe siècle à la demande des moniales de Prébayon, en Provence. Ce monastère de femmes fut créé en 1234 par Béatrice de Montferrat, épouse du seigneur du Dauphiné, André Dauphin de Bourgogne, dit aussi Guigues VI, en pleine période des croisades. L'endroit, dont le nom viendrait de l'expression latine *Pratis Mollis* (« le pré mou »), accueillait déjà un monastère depuis le XIIe siècle.

Les terrains de Prémol furent offerts par le prieur de Saint-Jean-de-Vaulnaveys à Béatrice de Montferrat à sa demande : ils couvraient près de 400 hectares comprenant des moulins, des scieries, des mines de fer, des forêts ainsi que des fermes et des vacheries, dont provenaient les revenus du monastère. La chartreuse était habitée par une soixantaine de personnes, dont 35 religieuses. Cet ermitage coupé du monde permettait aux moniales de profiter du silence et de la solitude pour se consacrer à leur vie spirituelle. La majeure partie des bâtiments étant aujourd'hui détruite, une petite maquette a été installée sur le site permettant de découvrir le domaine tel qu'il était : il incluait notamment une église, un cloître, des chapelles, un bâtiment de vie principal, une apothicairerie, des écuries et des jardins. Le bâtiment de la maison forestière, étant celui qui a le mieux résisté au temps, a bénéficié de travaux de rénovation pour le mettre en valeur.

Le monastère connut un destin plutôt mouvementé au cours des siècles : il fut ravagé par plusieurs incendies et attaqué par les huguenots pendant les guerres de Religion du XVIe siècle. Le coup de grâce vint en 1790 : après la Révolution, toutes les communautés religieuses furent interdites. Les terrains revinrent à l'administration forestière, dont ils dépendent encore aujourd'hui, et les bâtiments furent occupés ou démontés par la population.

Adresse RD 101, 38410 Vaulnaveys-le-Haut | Accès Depuis Grenoble, prenez la D5 et la D524 jusqu'à Vaulnaveys-le-Haut | À savoir De nombreux chemins de randonnée partent de la chartreuse de Prémol, comme le parcours vers le lac Luitel, celui vers la baraque de Boulac ou encore celui vers la fontaine du Mulct. Tous les sentiers sont clairement indiqués sur des panneaux autour du site.

# 32 Le château de Bon Repos

*Une bâtisse de contes de fées*

Entouré d'une large clairière, le château de Bon Repos se fait discret et ne se dévoile qu'au dernier moment, lorsque la route redescend vers le domaine. Quelle surprise de découvrir ce manoir tout droit sorti des contes pour enfants, avec ses quatre tours symétriques qui se dressent fièrement vers le ciel ! Malgré son allure médiévale, cet édifice date en réalité de l'époque Renaissance, puisqu'il a été bâti en 1470 par un certain Guillaume Armuet. Le domaine est resté pendant plusieurs générations dans cette famille avant de passer par héritage aux mains de la famille de Murinais, qui l'a conservé jusqu'au début du XIX$^{e}$ siècle.

Durant la période révolutionnaire, le château a subi quelques dommages, comme de nombreuses demeures à travers tout le pays : les signes extérieurs des droits seigneuriaux et la plupart des blasons et armoiries ont été effacés par les opposants du roi. À partir des années 1800, de multiples propriétaires se succédèrent et l'édifice commença à se détériorer petit à petit par manque d'entretien. Son toit s'effondra même au début du XX$^{e}$ siècle, aggravant les ravages du temps à l'intérieur du château, désormais soumis aux intempéries. La commune de Jarrie racheta finalement le bâtiment aux descendants des Jouvin, dernière famille propriétaire, en 1976. L'Association du château de Bon Repos a, quant à elle, été créée dès 1978 afin de démarrer les travaux de sauvetage du château en collaboration avec la commune.

En 1982, le château a fait son entrée dans l'inventaire supplémentaire des monuments historiques et, plus récemment, il a été lauréat de la mission Stéphane Bern, lui assurant des dons pour effectuer les travaux indispensables de rénovation de sa toiture et de sécurisation. L'association et la commune de Jarrie ambitionnent d'en faire un lieu de vie en restaurant la ferme et l'écurie ainsi qu'en exploitant les terres communales alentour.

**Adresse** Route de Bon-Repos, 38560 Jarrie, www.chateaudebonrepos.com | **Transports en commun** Bus 66, arrêt Les-Simianes | **Horaires d'ouverture** Visites tous les troisièmes dimanches du mois : en été de 10 h à 12 h et de 14 h à 18 h ; en hiver de 10 h à 12 h et de 14 h à 17 h. Parc du château en accès libre | **À savoir** Durant le XV$^{e}$ siècle, le futur Louis XI fit de nombreux séjours dans la région, notamment au château de Bon Repos. La légende veut que ce nom vienne d'une des déclarations du prince lors d'une partie de chasse : *Arma Mihi Requies* (« les armes sont mon repos »).

# 33 Le chemin des Peintres

*Puiser l'inspiration dans la nature*

La région du Dauphiné a toujours compté nombre d'artistes talentueux depuis l'Antiquité, mais les témoignages en restent assez rares. Malgré cela, du Moyen Âge nous sont parvenues quelques peintures religieuses murales dans les églises. Il fallut ensuite attendre le XVIIe siècle pour voir émerger une nouvelle vague de peintres formés en Dauphiné : une académie de peinture est créée à Grenoble en 1654, soit seulement 6 ans après celle de Paris. D'autres écoles suivirent, comme l'École publique et gratuite de dessin de Grenoble, qui a formé plusieurs centaines d'artistes. De là naquit l'idée de créer également un musée de la Peinture : le premier conservateur fut un certain Louis-Joseph Jay, alors professeur de dessin à l'École centrale de Grenoble – et l'un des professeurs de Stendhal. Ce musée a exercé une grande influence sur le développement de l'art en Isère.

Au XIXe siècle, une génération de peintres porte un nouvel intérêt à la nature : la place des paysages devient centrale dans leurs compositions et ils peignent en extérieur grâce à l'invention récente de la peinture en tube. Des mouvements d'artistes travaillant en groupe font émerger de nouvelles écoles un peu partout en France : Crozant dans la Creuse, Pont-Aven en Bretagne et, à partir de 1860, l'École de peinture de Proveysieux dans le Dauphiné. Théodore Ravanat, alors directeur de l'École de peinture de Grenoble, possédait dans ce village une grange aménagée qui devint son lieu de peinture rêvé. Il y invita ses amis Jean Achard, Diodore Rahoult et Henri Blanc-Fontaine ; ensemble, ils ouvrirent leur propre école, prenant l'habitude de s'attabler à l'auberge Aux Grands Gousiers. Ont très vite suivi les rencontres culturelles Les dimanches de Proveysieux, qui attiraient les élites de la ville.

Le sentier de promenade bien balisé permet de découvrir ces lieux prisés du XIXe siècle en effectuant une petite boucle dans le village et à travers la forêt.

Adresse L'Église, 38120 Proveysieux. Un panneau devant l'église indique l'itinéraire à suivre, il suffit de repérer les différents panneaux tout au long du parcours. Une trace GPS est téléchargeable sur le site www.grenoble-tourisme.com | Transports en commun Depuis Grenoble, prenez la N481, l'A48 et la D105 jusqu'à Proveysieux | À savoir Le sentier de 100 mètres de dénivelé ne présente pas de difficulté particulière, mais nécessite néanmoins d'être bien chaussé. Le parcours traverse une passerelle au-dessus d'une rivière et revient ensuite pour achever la boucle.

# 34 La Chouette Dorée

*Une vitrine d'artisanat local*

Une chouette dorée ? Ne cherchez pas, ce nom n'a pas de signification particulière, il plaisait tout simplement aux propriétaires ! Nichée au cœur du quartier animé de Championnet, dans une petite rue calme, entourée d'un atelier de musique et d'une galerie d'art, cette jolie boutique est tenue par cinq créatrices grenobloises. La devanture du magasin à l'ancienne a gardé tout son cachet grâce aux larges fenêtres encadrées de bois. Cet espace décoré avec goût met en avant les créations d'une maroquinière, d'une céramiste, d'une modiste, d'une couturière et d'une graphiste, dans un espace dédié.

Ce local hébergeait au départ à la fois la boutique et l'atelier d'Hélène. À la suite du transfert de son atelier, elle décida de faire appel à d'autres artisans pour partager les lieux. C'est ainsi que la boutique collective a vu le jour en avril 2018. Elle est tenue à tour de rôle par l'une des cinq artisanes, permettant ainsi un échange direct avec le public, souvent curieux de découvrir les différentes facettes de la fabrication. L'agenda des présences est même partagé sur le site de l'entreprise afin que les clients puissent rencontrer la personne de leur choix. Outre l'espace de vente sur deux niveaux, les cinq créatrices ont conservé un petit atelier en arrière-boutique pour pouvoir travailler sur place.

Les produits proposés recouvrent des secteurs assez variés : des articles pour bébés ou enfants, des vêtements pour adultes, des sacs à main et portefeuilles, mais aussi des chapeaux, des gravures ou de la poterie. Ils ont cependant le point commun d'avoir été fabriqués en Isère avec des matériaux sélectionnés avec soin pour leur qualité et leur faible impact environnemental. Bien que chaque créatrice possède son propre univers et sa marque personnelle, cela ne les empêche pas de collaborer : c'est ainsi que les petits oursons de Julia se retrouvent à figurer sur les sweats Eksa réalisés par Hélène.

Adresse 7 rue du Lieutenant-Chanaron, 38000 Grenoble | Transports en commun Tram A/B/E, arrêt Alsace-Lorraine | Horaires d'ouverture Du mardi au samedi de 10 h à 13 h et de 14 h à 19 h | À savoir Le centre commercial de La caserne de Bonne se trouve à 5 minutes à pied. Il s'agit d'une ancienne caserne du XIXe siècle reconvertie en logements et centre commercial selon les normes de haute qualité environnementale. L'ensemble fait partie de l'écoquartier du même nom, le premier du genre en France.

# 35 Le cimetière Saint-Roch

*Lieu de mémoire aux chefs-d'œuvre méconnus*

Situé à l'extrémité de Grenoble, face à la commune de La Tronche, le cimetière Saint-Roch a été créé en 1810; il s'agissait du premier cimetière municipal de Grenoble. Avant sa création, la tradition imposait aux habitants d'être inhumés en terre consacrée, souvent à proximité des églises. Mais cette pratique n'était pas sans poser quelques problèmes, notamment de salubrité. On décida alors de déplacer le cimetière hors des murs de la ville : à cette époque, Grenoble se trouvait encore entourée par les remparts Haxo et l'emplacement choisi n'était pas urbanisé. Saint-Roch est le nom de l'ancienne chapelle d'un hôpital du XV$^{e}$ siècle qui accueillait les malades de la peste ; un cimetière se trouvait tout près où étaient enterrées les nombreuses victimes de l'épidémie. Le nouveau cimetière a été béni en 1810, puis agrandi plusieurs fois aux XIX$^{e}$ et XX$^{e}$ siècles.

Ce cimetière avait alors la spécificité d'accueillir des concessions temporaires ou perpétuelles : cette nouveauté poussa les riches habitants à se doter de monuments toujours plus impressionnants pour les accompagner dans l'éternité. Une promenade au cœur de ses 13 hectares boisés permet de découvrir des tombes minutieusement décorées par les plus grands artistes de l'époque. Sont enterrés ici 27 maires grenoblois – on en connaît certains grâce aux noms des rues de la ville –, de riches industriels du XIX$^{e}$ siècle – souvent des gantiers ou des cimentiers –, des scientifiques ayant marqué leur discipline – de nombreux médecins ou des professeurs d'université – ou encore des artistes locaux, à la renommée parfois nationale.

Deux carrés militaires accueillent les soldats des garnisons de la ville ayant péri principalement durant la Première Guerre mondiale. Le cimetière compte également quelques monuments, comme la remarquable réalisation dédiée aux victimes de la guerre de 1870 et représentant une femme en pleurs appuyée sur un piédestal.

Adresse 2 rue du Souvenir, 38000 Grenoble | Transports en commun Tram B, arrêt Île-Verte | Horaires d'ouverture Ouvert tous les jours. Du 1er mars au 1er novembre, de 7 h 30 à 18 h 30 ; du 2 novembre au 28 février, de 7 h 30 à 17 h 30. Ouverture à 9 h les dimanches et jours fériés | À savoir L'association Saint-Roch ! Vous avez dit cimetière ? propose régulièrement des visites guidées thématiques pour découvrir le patrimoine de ce cimetière (www.saintrochgrenoble.fr).

# 36_La cinémathèque

*Un patrimoine local*

L'histoire du cinéma a commencé au XIX^e^ siècle, notamment avec les frères Lumière. Ces deux ingénieurs et industriels lyonnais ont inventé un appareil projecteur, le cinématographe, inspiré de l'invention de l'américain Thomas Edison. Ils ont ainsi effectué la première projection collective d'un film photographique en 1895. D'autres projections publiques payantes ont suivi très rapidement.

Le premier cinéma de Grenoble ouvrit en 1896, soit moins d'un an après cette première projection. Il s'agissait du casino Kursaal, une salle où se tenaient des pièces de théâtre, des bals et des projections de films. Le « cinéma » changea plusieurs fois de nom et de taille, avec des ajouts ou des divisions de salles. Il existe encore de nos jours et s'appelle désormais Les 6 Rex. Ces premiers cinémas étaient des lieux immenses, qui pouvaient accueillir plus d'un millier de spectateurs. Cette particularité mena au drame du Bazar de la Charité, qui eut lieu en 1897 à Paris et poussa les salles à renforcer leurs normes de sécurité. D'autres salles ont bien vite vu le jour à Grenoble et se sont adaptées à ces contraintes ainsi qu'à la demande, réduisant leur taille pour proposer plus de films. La ville compta jusqu'à 23 établissements en 1954, l'apogée du cinéma à Grenoble, avec pas moins de 35 écrans. Dans les années 60, la généralisation du téléviseur dans les foyers français provoqua une baisse importante de la fréquentation des salles et certaines durent mettre la clé sous la porte. Dans les années 90, on en dénombrait encore une quinzaine.

La cinémathèque grenobloise fut l'une des premières de France, avec pour objectif la sauvegarde du patrimoine cinématographique. Elle fut créée en 1962 par Michel Warren et possède aujourd'hui les copies argentiques de 8 500 films. Elle organise également, depuis 45 ans, le Festival du film court en plein air, ainsi que des projections régulières dans sa salle Juliet-Berto, à destination du grand public ou des plus jeunes.

**Adresse** Cinémathèque de Grenoble : 4 rue Hector-Berlioz ; Cinéma Juliet Berto : passage du Palais-de-Justice, 38000 Grenoble, www.cinemathequedegrenoble.fr | **Transports en commun** Tram A/B, arrêt Hubert-Dubedout-Maison-du-Tourisme | **Horaires d'ouverture** La cinémathèque : du lundi au vendredi de 9 h à 12 h 30 et de 14 h à 17 h 30. Des événements sont régulièrement proposés par l'association. L'agenda des événements et des projections est consultable sur le site | **À savoir** Une visite guidée sur l'histoire des cinémas de Grenoble est proposée en collaboration avec l'office de tourisme. Les visites guidées sont à réserver sur le site.

# 37 La cité de l'Abbaye

*Un patrimoine récent, mais précieux*

Au début du XX^e siècle, la ville vit sa population croître comme jamais auparavant. La question des logements devint préoccupante pour la municipalité, puisque l'essor de l'industrie locale attirait de nombreux ouvriers à loger. C'est à la même époque qu'émergèrent les préoccupations sur l'hygiène en milieu urbain : le lien entre insalubrité et maladies n'était plus un mystère et les autorités cherchaient à améliorer les conditions de vie des plus modestes dans l'intérêt de tous.

La destruction d'une partie des défenses de Grenoble dans les années 20 offrit l'opportunité de créer de nouveaux quartiers pour accueillir cette population. C'est ainsi que la municipalité socialiste du maire Paul Mistral lança d'ambitieux programmes qui comptèrent parmi les premiers logements sociaux du pays. Plusieurs cités-jardins furent ainsi créées : la cité du Rondeau (1921-1924), la cité de La Capuche (1922-1925), la cité de l'Abbaye (1929-1931) et enfin la cité des Abattoirs (1930-1935). Ces immeubles, pensés pour héberger la classe ouvrière, affichaient également un certain esthétisme. Les éléments décoratifs sobres au-dessus des portes d'entrée, les couleurs des volets (plusieurs fois modifiées), ainsi que les jardins amélioraient le cadre de vie des familles.

De ces initiatives de l'entre-deux-guerres ne subsiste aujourd'hui que la cité de l'Abbaye : celles du Rondeau et des Abattoirs ont été détruites et celle de La Capuche a totalement perdu son identité après rénovation. Labellisée patrimoine remarquable du XX^e siècle, la cité de l'Abbaye était elle aussi vouée à la démolition. Mais grâce à la mobilisation citoyenne, elle va finalement être remise en état. Ses éléments emblématiques tels que le garde-manger naturellement tempéré ou les fameux volets seront restaurés à l'identique, tandis que les extérieurs seront remaniés en piétonnisant l'ensemble et en végétalisant les espaces libres, tout en conservant sa vocation initiale de logement social.

Adresse 80 avenue Jeanne-d'Arc, 38000 Grenoble | Transports en commun Bus C5, arrêt Saint-Augustin | À savoir Durant toute la durée de la rénovation du quartier, un projet d'urbanisme transitoire est mis en place : les bâtiments accueillent temporairement des services municipaux ou des associations. Des visites guidées sont proposées lors des Journées du patrimoine par l'office de tourisme.

# 38 Le clos des Capucins

*Le plus beau potager de France*

C'est dans un magnifique écrin de verdure sur les hauteurs de Meylan, au pied du mont Saint-Eynard, que le clos des Capucins accueille les visiteurs. De nombreuses parcelles potagères s'étendent devant l'édifice sur différentes terrasses, remplies de fruits et de légumes. Une source permet d'alimenter les cultures grâce à un système de redistribution mis au point par les moines au XIXe siècle.

Les premiers bâtiments furent érigés au début du XVIIe siècle par François du Faure, président du parlement de Grenoble. Au travers des héritages et des reventes, le domaine passa par différents propriétaires et fut, comme beaucoup, confisqué pendant la Révolution française avant d'être finalement restitué. En 1855, une loi adoptée en Savoie interdit les communautés religieuses : les capucins vinrent alors s'établir en France et achetèrent la demeure pour la transformer en couvent. Une église fut construite, puis un étage et une nouvelle aile furent ajoutés aux bâtiments pour accueillir les moines. C'était alors l'un des plus grands monastères de France : les jeunes y passaient 7 ans à étudier (3 ans la philosophie et 4 ans la théologie). Les capucins, qui doivent leur nom au capuchon pointu de leur habit, ne vivaient pas reclus : ils produisaient et vendaient du vin, prêchaient dans les villages et venaient en aide aux plus pauvres.

Après la promulgation de plusieurs lois anticléricales, les moines se résignèrent à quitter le couvent en 1901 et le Grand Séminaire de Grenoble s'y installa. Pendant la Première Guerre mondiale, les bâtiments accueillirent un hôpital militaire temporaire géré par le couple Giroud et leurs quatre filles. Les capucins reprirent possession des lieux en 1925 au départ du Grand Séminaire et y restèrent jusqu'en 1972. La Ville de Meylan racheta les bâtiments en 1976 : ils hébergent aujourd'hui des associations, un centre aéré et des événements culturels ou privés.

Adresse 18 chemin des Villauds, 38240 Meylan | Accès Depuis Grenoble, prenez la D1090 jusqu'à Meylan | Horaires d'ouverture Parc : accès libre toute l'année. Bâtiment : visites guidées lors des Journées du patrimoine | À savoir Les jardins partagés qui entourent le clos sont gérés par l'association La Folle Avoine. Elle propose également d'autres activités telles que le troc de plantes, des formations sur les plantes sauvages et s'occupe de la gestion du marché bio de la commune (www.lafolleavoine.org).

# 39 Le Clos Jouvin

*Demeure bourgeoise du XIX<sup>e</sup> siècle*

La maison Jouvin est une ancienne demeure de la famille du même nom, située dans le sud de l'agglomération grenobloise, sur la commune de Jarrie. Les bâtiments ont été rachetés par la Ville en 1981 et abritent aujourd'hui la mairie. La propriété est entourée d'un immense parc de 25 hectares, aménagé en jardin à l'anglaise, appelé le Clos Jouvin.

Xavier Jouvin venait d'une famille de gantiers du XIX^e siècle : il apprit le métier auprès de son grand-oncle et de son père, entre Paris et Grenoble. À cette époque, les procédés de fabrication des gants étaient très artisanaux, dépourvus de normes. En 1834, Xavier Jouvin eut l'idée de mettre en place un calibre répertoriant toutes les tailles de mains en 320 pointures. Mais l'invention qui lui fit connaître le succès date de 1838 : les gants étaient alors découpés aux ciseaux, donnant une coupe approximative pour un temps de travail très long. Jouvin conçut un emporte-pièce permettant de couper d'un seul geste le cuir à la bonne dimension : il s'agit de « la main de fer », pour laquelle un brevet fut déposé. Grâce à ce système, la maison put produire de grandes quantités tout en réduisant le coût, assurant son succès. L'entreprise s'installa dans l'ancien prieuré de Saint-Laurent à Grenoble, où se trouve encore aujourd'hui le musée dédié à son histoire (voir chap. 49).

Devenue prospère, la famille Jouvin acquit différentes propriétés dans la commune de Jarrie, comme le château de Bon Repos (voir chap. 32) ou le Clos Jouvin en 1860. Autrefois nommée « tour des Avalon », du nom de la famille qui la tenait du XIV^e au XVI^e siècle, la maison du Clos Jouvin a connu de nombreux remaniements. En 1870, Xavier Jouvin y fit aménager le parc à l'anglaise par les frères Luizet, paysagistes, avec des bassins, des espèces locales telles que des frênes et des aulnes, et un arboretum d'essences exotiques. La propriété resta dans la famille Jouvin jusqu'en 1972.

Adresse 100 montée de la Creuse, 38560 Jarrie | Transports en commun Bus 66, arrêt Clos-Jouvin | Horaires d'ouverture Le parc est en accès libre | À savoir Le parc de la propriété abrite une petite ferme qui permet d'observer des poules, des ânes ou des paons. Le bâtiment accueille également le musée de la Chimie.

# 40 La coupole dauphinoise

*Quand l'art prend de la hauteur*

Cet immense immeuble du XIXe siècle, situé tout près de la gare, fait partie de ces édifices apportant une touche de charme classique à la cité grenobloise. En effet, les immeubles haussmanniens ne sont pas très nombreux à Grenoble et sont principalement regroupés dans l'hypercentre. Celui-ci se démarque nettement de ses contemporains par un détail assez insolite : en levant un peu la tête, on découvre un immense aigle de près de 4 mètres d'envergure trônant sur le toit en forme de coupole de l'immeuble.

Cet édifice a été réalisé par la famille Bouchayer. Ce nom n'est pas inconnu des Grenoblois, puisqu'ils étaient, au début du XXe siècle, l'une des plus grandes familles d'industriels de la ville. Joseph Bouchayer, issu d'une famille de cloutiers, quitta les siens lorsqu'il prit conscience des difficultés financières de son père. Arrivé seul à Grenoble, il fut logé par des proches et parvint à faire des études grâce à un bienfaiteur. Apprenti puis directeur dans une entreprise de chaudronnerie, il décida de lancer sa propre affaire à la mort de son patron. L'entreprise fabriquait des conduites et des équipements de chauffage. En 1870, l'ingénieur centralien Félix Viallet apporta son propre capital à l'entreprise. Ainsi naquit la marque Bouchayer-Viallet. Les Bouchayer étant une famille nombreuse, Joseph fit construire deux immeubles autour de l'usine pour héberger ses quatre fils, ses quatre filles et leurs familles. Ce premier site industriel fut détruit au début du XXe siècle, mais il en reste aujourd'hui deux parties : la coupole côté avenue Alsace-Lorraine et l'immeuble à la façade remarquable côté avenue Felix-Viallet.

Ce dernier fut le siège de la rédaction du *Petit Dauphinois* (un quotidien régional arrêté à l'issue de la Seconde Guerre mondiale), puis du *Dauphiné Libéré* jusqu'en 2018, avant que le journal ne déménage dans le quartier… Bouchayer-Viallet !

Adresse 40 avenue Alsace-Lorraine, 38000 Grenoble | Transports en commun Tram A/B, arrêt Alsace-Lorraine | À savoir L'imprimerie générale était, quant à elle, hébergée du côté de l'avenuc Félix-Viallet. C'est le propriétaire de l'ensemble immobilier et directeur du *Petit Dauphinois*, Joseph Besson, qui fit installer la coupole en 1909 sur laquelle se dresse la statue de l'aigle, réalisée par le sculpteur Aimé-Charles Irvoy en 1870.

# 41 Le couvent des Minimes

*Recueillement en centre-ville*

Au détour d'une ruelle du quartier Très-Cloîtres, au nord-est de la ville, se profile un ensemble architectural en pierre datant du XVII^e siècle. Ce lieu, très discret et en retrait, passe souvent inaperçu. En se rapprochant, on peut apercevoir la cour centrale autour de laquelle s'agencent les bâtiments de ce qui fut autrefois un couvent et dont les façades à arcades sont désormais parsemées de luxuriantes plantes grimpantes. Il règne ici une atmosphère sereine et hors du temps : difficile de se rappeler que l'hypercentre grouillant de vie ne se trouve qu'à quelques centaines de mètres. L'ancienne chapelle a été transformée en salle de spectacle gérée par les Musiciens du Louvre. Environ 200 événements y sont organisés chaque année.

Ce couvent a été construit au milieu du XVII^e siècle : l'ordre des Minimes était déjà établi en périphérie de la ville, à Saint-Martin-d'Hères, et souhaitait se rapprocher de ses fidèles. Ces bâtiments abritèrent les frères minimes jusqu'à la Révolution française, lors de laquelle tous les ordres monastiques furent supprimés et leurs biens confisqués. Le monastère hébergea par la suite différents artisans et leurs activités, tandis que le séminaire attenant servait de prison, puis de caserne (aujourd'hui disparue). Devenu propriété de la Ville de Grenoble, le couvent fit l'objet d'une rénovation et accueillit au début du XIX^e siècle le Grand Séminaire, avec la vocation de former des étudiants en théologie. Après le départ du séminaire en 1905, le bâtiment devint propriété de l'université de Grenoble juste avant la Première Guerre mondiale. Il fallut cependant attendre la fin de celle-ci pour que le bâtiment accueille à nouveau des étudiants.

Un nouveau destin se profile aujourd'hui pour ce lieu : il compte parmi les quatre Gren' de projets de la Ville de Grenoble, qui prévoit de le transformer en un espace multiactivités regroupant café, brasserie, hôtel et coworking.

**Adresse** Rue des Minimes, 38000 Grenoble | **Transports en commun** Tram B, arrêt Notre-Dame-Musée | **Horaires d'ouverture** Le lieu ne se visite pas, mais la cour reste accessible par le portail extérieur | **À savoir** La chapelle possède une façade richement travaillée, visible depuis la rue du Vieux-Temple. Le restaurant Ici Grenoble y installe sa terrasse aux beaux jours.

# 42 Le couvent Sainte-Cécile

*Une reconversion réussie*

Ouvert un 22 novembre 1624, le jour de la Sainte-Cécile, le couvent Sainte-Cécile a été construit par les sœurs bernardines. Ces cisterciennes réformées suivaient des règles de vie très rigoureuses, dans l'idéal des premiers cisterciens. Influencées par François de Sales, elles observaient la stricte clôture – elles ne recevaient pas de visites –, se levaient à 5 heures du matin, priaient 7 fois par jour et s'absorbaient dans des méditations religieuses.

Le couvent fut habité jusqu'à la Révolution française, après laquelle les sœurs furent expulsées. C'est ensuite l'armée qui occupa les lieux lorsque Grenoble devint ville de garnison, ce qui permit à l'édifice d'échapper à la destruction. Dans les années 20, la chapelle fut transformée en une salle de cinéma et subit d'importantes transformations. Une cinquantaine d'années plus tard, elle fut reconvertie en théâtre qui exista jusqu'en 1999.

Cherchant un lieu pour accueillir les activités de sa maison d'édition, Jacques Glénat se tourna vers des édifices historiques et découvrit le couvent, pour lequel il eut un véritable coup de cœur malgré son état de délabrement. De 2004 à 2009, d'importants travaux furent engagés pour redonner au bâtiment sa splendeur d'antan : restauration du bel escalier en pierre du Fontanil, remise en place d'une cloche et ajout de quelques détails modernes, comme ces vitraux imaginés par l'auteur de bande dessinée Joost Swarte. La chapelle accueille aujourd'hui la librairie de la maison Glénat, surplombée par l'immense bibliothèque rassemblant plus de 20 000 ouvrages édités par la maison. Le premier éditeur de bandes dessinées en France vend également ici des beaux livres et des ouvrages pour enfants. Le couvent abrite également le cabinet Rembrandt, l'une des plus grandes collections privées de gravures, ainsi que des expositions temporaires dans le cloître, où des visites guidées sont ponctuellement organisées.

Adresse 37 rue Servan, 38000 Grenoble, www.couventsaintececile.com | Transports en commun Tram A/B, arrêt Hubert-Dubedout-Maison-du-Tourisme | Horaires d'ouverture Librairie, cabinet Rembrandt et expositions temporaires : du lundi au samedi de 9 h à 12 h 30 et de 14 h à 17 h 30. Les événements sont à voir sur le site internet | À savoir Une autre partie du couvent abrite également un restaurant gastronomique : Les Jardins de Sainte Cécile (www.lesjardinsdesaintececile.com).

# 43_Les cuves de Sassenage

*Le secret de Mélusine*

Ces grottes, situées au pied du Vercors, sont facilement accessibles depuis la ville : au départ d'un parking, il suffit d'emprunter le petit sentier de randonnée qui serpente sur 150 mètres de dénivelé. Il est suivi de quelques marches qui conduisent le visiteur à l'entrée des grottes. Elles n'ont été explorées pour la première fois que tardivement, vers 1835, mais font partie des sept merveilles du Dauphiné. Un dicton populaire prédit que si les cuves de l'entrée se remplissent le jour des rois et se vident le lendemain, c'est que la récolte de l'année sera bonne… à bon entendeur !

La visite guidée nous immerge dans ce milieu souterrain, dont certains passages ont été aménagés : le parcours demeure cependant relativement glissant et de bonnes chaussures sont indispensables. Le cheminement à travers la grotte fait passer le visiteur par de petites ouvertures, sur des passerelles ou encore par des escaliers très escarpés. Il n'y a toutefois pas de spéléo au programme, vous pourrez rester sur vos deux jambes. Chaque caverne traversée a son propre nom : la galerie des Silex, la galerie des Enfers, la salle des Rataplanades, etc. La visite offre l'occasion d'admirer les différentes formations rocheuses : stalactites, stalagmites, compressions ainsi que les petites fistuleuses, appelées familièrement « les macaronis » ! Le parcours s'arrête avant le gouffre du Berger, où il est possible de continuer en visite spéléologique.

Le clou du parcours se trouve dans le plus grand espace des grottes, la salle Saint-Bruno : là est projeté un spectacle son et lumière racontant l'histoire de la fée Mélusine, qui épousa un chevalier sans lui dévoiler sa véritable identité. Émerveillement garanti pour petits et grands dans un cadre tout à fait exceptionnel : les formations rocheuses contribuent à donner vie aux personnages de l'histoire. L'itinéraire de retour permet d'observer le Germe, le cours d'eau issu de ces cuves, à la sortie des grottes.

**Adresse** Place Louis-Riverdy, 38360 Sassenage, www.grottelescuvesdesassenage.fr | **Accès** Depuis Grenoble, prenez la D5, la D531 et la D1532 jusqu'à Sassenage | **Horaires d'ouverture** De juin à octobre, sur visite guidée uniquement. Horaires et réservation sur le site | **À savoir** Après la visite, il est possible de poursuivre le sentier de départ pour faire une boucle autour du torrent du Furon et admirer ses cascades.

# 44 La demeure d'Antoine Barnave

*Sur les traces de la Révolution française*

Antoine Barnave est une figure centrale de la Révolution française : né à Grenoble en 1761, il devint avocat au parlement de Grenoble et s'illustra lors du discours de clôture de celui-ci. Son talent oratoire et ses idées révolutionnaires firent rapidement de lui un personnage très populaire. Durant la journée des Tuiles, les Grenoblois se soulevèrent contre l'armée venue chasser les parlementaires grenoblois de leur ville. À cette occasion, Antoine Barnave rédigea anonymement un pamphlet prérévolutionnaire, l'*Esprit des édits*, visant à soutenir le Parlement. C'est à la suite de ces événements que les États généraux du Dauphiné furent convoqués au château de Vizille, sous l'impulsion d'Antoine Barnave et de Jean-Joseph Mounier, pour réclamer au roi Louis XVI une nouvelle répartition des pouvoirs. Ces événements constituèrent le prélude de la Révolution française. Durant les premières séances de la nouvelle Assemblée nationale à Paris, Barnave se fit remarquer par ses positions extrêmes qui lui valurent le surnom de « tigre ». Il présida un temps l'Assemblée nationale constituante et participa à la rédaction de la Déclaration des droits de l'homme et du citoyen.

Barnave fut chargé de ramener la famille royale à Paris sous bonne escorte lors de l'évasion de celle-ci. Après cela, ses positions changèrent et se firent plus nuancées. On découvrit lors de la prise des Tuileries qu'il entretenait une correspondance secrète avec Marie-Antoinette, lui fournissant notamment des conseils pour sauver la monarchie. Il fut arrêté dans sa maison de Saint-Égrève et guillotiné en 1793, faisant de lui l'une des rares victimes grenobloises de la Terreur. La demeure fut léguée à la commune en 1967 par les descendants de Casimir Brenier, pionnier de l'industrie hydroélectrique du XIXe siècle. Aujourd'hui transformée en bibliothèque, elle a aussi hébergé un temps le musée de la Révolution.

Adresse Bibliothèque Barnave, 1 rue Casimir-Brenier, 38120 Saint-Égrève | Transports en commun Tram E, arrêt La-Pinéa-Saint-Robert | Horaires d'ouverture L'extérieur est en libre accès et les horaires de la bibliothèque sont consultables sur www.bibliotheque.saint-egreve.fr | À savoir Avant de quitter le quartier, faites un saut à l'Arbre à Pain, où vous pourrez vous laisser tenter par des baguettes (bios le mercredi) ou d'excellentes pâtisseries maison (71 avenue du Général-de-Gaulle, 38120 Saint-Égrève).

# 45 Les deux hôtels particuliers

*Une traboule grenobloise*

Le premier de ces deux hôtels particuliers a été bâti en 1560 par Pierre Bucher, procureur général du roi au parlement du Dauphiné à Grenoble. L'homme a également été l'un des ardents défenseurs de l'université de Grenoble, où il a officié comme professeur de droit avant d'en devenir le doyen. Malheureusement, ses efforts ne purent empêcher l'établissement de fermer à nouveau ses portes en 1567 sur ordre royal.

De nos jours, l'hôtel de Pierre Bucher n'est pas visible depuis la rue et reste donc grandement méconnu. En effet, son propriétaire, qui était également architecte, a fait construire sa demeure en fond de parcelle. Passionné d'art et en particulier de sculpture, il a réalisé lui-même certains éléments, comme les pierres composant la cheminée. L'hôtel est un exemple, unique à Grenoble, du style Renaissance – d'où la symétrie parfaite de l'ensemble. La pierre de la façade est une jolie roche calcaire grise rainurée provenant de la région. La cour comporte deux coursives identiques qui viennent donner du volume aux murs latéraux. Aujourd'hui fermées, elles servaient probablement de passages autrefois.

À l'avant de la cour se dresse l'hôtel de Croÿ-Chanel, construit au XVIIIe siècle par un autre parlementaire dans un style radicalement différent, celui de l'hôtel à la française – mais dont il est aussi le seul représentant à Grenoble. C'est cet édifice que l'on voit depuis la rue Brocherie et sous lequel il faut passer pour accéder à la cour intérieure. Au fil du temps, des rajouts ont été placés ici et là dans la cour des hôtels, mais également en façade intérieure pour ajouter des sanitaires. L'ensemble a fait l'objet d'importants travaux lancés par la Ville afin de restaurer les façades, rendre les lieux à nouveau habitables et les ouvrir aux visiteurs dans le respect de leurs architectures d'origine. L'ensemble est désormais inscrit à l'inventaire supplémentaire des monuments historiques.

Adresse 6 rue Brocherie, 38000 Grenoble | Transports en commun Tram B, arrêt Notre-Dame-Musée | Horaires d'ouverture Sur visite guidée uniquement, à réserver sur www.grenoble-tourisme.com | À savoir Ces hôtels particuliers ont hébergé plusieurs membres du parlement grenoblois au fil des siècles, car celui-ci est tout proche. Profitez de la visite pour vous rendre ensuite place Saint-André admirer ce lieu emblématique de l'histoire de Grenoble. Le bâtiment fait l'objet d'un important projet de restauration afin de rouvrir ses portes au public.

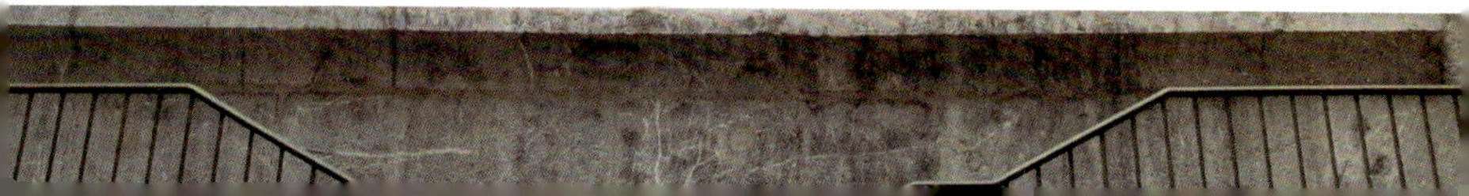

# 46 Le Domaine des Fauves

*Excursion dans la savane*

Le parc animalier du Domaine des Fauves a ouvert ses portes en 1968 grâce à une équipe de passionnés : à l'époque, le parc était sobrement appelé « zoo des Abrets ». Lorsque l'entreprise connut des difficultés financières 10 ans plus tard, elle fut rachetée par un couple qui la dirigea pendant près de 20 ans. Le parc hébergeait alors 32 espèces de mammifères, majoritairement des fauves et des canidés, et 24 espèces d'oiseaux ; il accueillait environ 30 000 visiteurs par an. Il comptait aussi parmi les rares parcs à réussir la reproduction des chimpanzés. Après un nouveau changement de propriétaire et le départ des chimpanzés commença une importante transformation : les enclos furent rénovés petit à petit dans le respect des nouvelles normes, offrant un environnement plus adapté aux animaux, avec davantage d'espaces végétalisés.

Des terrains proches du parc furent acquis pour améliorer l'habitat des pensionnaires, avec une grande nouveauté : l'implantation d'immenses baies vitrées le long des zones, permettant au public d'observer les grands prédateurs au plus près. C'est ainsi que les visiteurs peuvent aujourd'hui découvrir lions, hyènes, lynx de Sibérie, guépards, tigres ou encore jaguars, que l'on voit évoluer dans un décor inspiré des safaris.

Malgré ce que son nom laisse entendre, le Domaine des Fauves abrite également d'autres espèces animales : de nombreux oiseaux habitent les volières, dont certaines sont ouvertes au public. On retrouve également au sein du parc une mini-ferme parfaite pour les bambins : les espèces présentes sont des chèvres naines ou des moutons nains par exemple. Le parc propose également des expériences inédites, comme pénétrer dans l'enclos des loups ou encore dormir dans une chambre située quasiment sur leur territoire ! Ces animations visent à mieux sensibiliser le public à la préservation d'espèces en danger dans leur milieu naturel.

Adresse R75, 38490 Les Abrets-en-Dauphiné, www.domainedesfauves.com | Accès Depuis Grenoble, prenez l'A48 et la D1075 jusqu'à Les Abrets-en-Dauphiné | Horaires d'ouverture Variables selon la période, à voir sur le site | À savoir Le parc propose aussi de se glisser dans la peau d'un soigneur le temps d'une visite (option à réserver via le site).

# 47 Le domaine de Vizille

*Naissance de la Révolution française*

Avec son immense parc de 100 hectares, le château de Vizille est l'un des plus beaux lieux de l'Isère. Il abrite aujourd'hui le seul musée du pays consacré à la Révolution française, dont les prémices se sont jouées dans la célèbre salle du jeu de paume du domaine, disparue depuis dans un incendie. C'est en effet dans cette salle que s'est tenue l'assemblée constituée des trois ordres (noblesse, clergé et tiers état), le 21 juillet 1788, à la suite des événements de la journée des Tuiles. Pendant ces États généraux du Dauphiné, les représentants renouvelèrent leur demande au roi de revoir sa politique. Celui-ci convoqua ensuite les États généraux du royaume à Versailles le 1er mai 1789, et les événements prirent le chemin que nous connaissons.

Le château d'origine a été construit par le redoutable duc de Lesdiguières, gouverneur du Dauphiné au XVIIe siècle. Le parc a fait l'objet d'importants travaux pour créer des jardins à la française, avec une grande pièce d'eau et un domaine de chasse, le tout cerné par un mur d'enceinte de 7 kilomètres ! Une légende raconte d'ailleurs que la construction du mur s'est faite en une nuit grâce à un pacte avec le Diable. Le duc devait traverser le parc à cheval avant que le Diable n'ait achevé le mur, sinon il emporterait son âme. Lesdiguières n'aurait réussi que de justesse, laissant une partie de la queue de son cheval entre les pierres… Au travers des différentes successions familiales, le domaine arriva au cours du XVIIIe siècle aux mains des Villeroy. La famille détenant déjà d'autres biens, le dernier duc de Villeroy vendit le château à Claude Perier, un riche industriel, en 1780. La famille garda le château pendant plusieurs générations et fit notamment réaménager le parc en rompant les perspectives et en modifiant le grand canal. Au début du XXe siècle, l'État racheta le domaine pour en faire la résidence d'été des présidents de la République, avant de le transformer en musée de la Révolution française.

Adresse Place du Château, 38220 Vizille | Accès Depuis Grenoble, prenez la A480 en direction de Champagnier. Continuez sur la N85 en direction de Vizille | Horaires d'ouverture Musée : du lundi au dimanche sauf le mardi de 10 h à 12 h 30 et de 13 h 30 à 18 h (17 h en hiver). Parc : tous les jours sauf le mardi | À savoir L'immense parc du château abrite une réserve animalière sur près de 40 hectares et est doté d'une tour d'observation. Des visites guidées sur différents thèmes sont régulièrement proposées.

# 48 L'écoquartier Bouchayer-Viallet

*De friche industrielle à quartier moderne*

Situé entre la presqu'île et les grands boulevards, le quartier Bouchayer-Viallet est un peu à l'écart des grands axes piétons du centre-ville, malgré sa bonne accessibilité en transports en commun. Cet écoquartier est né sur les restes de friches industrielles du XIXe siècle : il tire en effet son nom d'une société créée en 1870 par deux entrepreneurs, Joseph Bouchayer, issu d'une formation de chaudronnier, et Félix Viallet, ingénieur centralien. Les deux associés parvinrent à hisser leur entreprise au niveau national en produisant les équipements nécessaires aux conduites forcées permettant de produire l'hydroélectricité, tout récemment découverte grâce aux travaux de Bergès (voir chap. 72). Ce site est resté en activité jusque dans les années 60, l'arrivée du nucléaire ayant précipité sa chute.

Aujourd'hui, le quartier s'articule principalement autour des anciens bâtiments industriels, conservés et rénovés pour la plupart : la petite halle, très bel exemple d'architecture du XXe siècle, a hébergé la construction des obus pendant la Première Guerre mondiale. À l'issue du conflit, une chocolaterie a été montée de toutes pièces afin d'offrir un emploi aux anciennes ouvrières. Elle devint la chocolaterie Cémoi, dont on peut encore apercevoir les bâtiments sur l'avenue Ampère.

Le projet d'écoquartier a vu le jour en 2004, soit en même temps que celui de la caserne de Bonne situé non loin du centre de Grenoble, qui fut le premier en France. Cependant, à cause du passé industriel du site, la préparation des terrains a pris ici plus de temps et le projet n'aboutira qu'en 2025 avec la création d'un jardin public central. La spécificité de ce lieu est de regrouper principalement des locaux d'activité (sièges sociaux, pépinières d'entreprises, associations) et des lieux de loisir (salles de spectacles, théâtres, salles de sport…). Tous les bâtiments construits ou rénovés du quartier l'ont été dans une optique de consommation énergétique basse.

Adresse Square des Fusillés, 38000 Grenoble | Transports en commun Tram A, arrêt Berriat-Le-Magasin | Horaires d'ouverture L'office de tourisme propose une visite guidée du quartier, à réserver sur le site | À savoir Le square des Fusillés, qui marque l'entrée du quartier, évoque un triste épisode de la Seconde Guerre mondiale : ici ont été fusillés 20 jeunes capturés dans le Vercors, en représailles de l'assassinat de deux officiers allemands par les résistants, à peine une semaine avant la libération de la ville.

# 49 L’église Saint-Laurent

*Un voyage dans l’archéologie grenobloise*

S’il est un lieu à Grenoble capable de témoigner de l’âge de la ville, c’est bien celui-ci. En contemplant la cité d’aujourd’hui, il est difficile d’imaginer que l’on y a retrouvé des vestiges remontant à l’époque mérovingienne, c’est-à-dire entre le V^e^ et le VIII^e^ siècle apr. J.-C. L’église Saint-Laurent a été bâtie au XII^e^ siècle sur l’emplacement d’une nécropole de la période des premiers chrétiens. Il s’agit d’un site archéologique majeur en Europe ! Les fouilles entreprises pendant 20 ans à la fin des années 70 ont permis de mettre au jour plus de 3 000 objets des différentes époques, et plus de 1 500 sépultures ont été découvertes, dont les plus anciennes remontent au VI^e^ siècle.

Ce site a attiré l’attention du public au XIX^e^ siècle à la suite du vandalisme de la crypte. Les autorités de l’époque ont alors décidé de protéger ce lieu historique : Prosper Mérimée, alors inspecteur des monuments historiques, a fait classer l’édifice en 1850. Il s’agit d’un des tout premiers monuments classés du pays. À cette occasion, le bâtiment fit également l’objet d’une restauration tandis qu’en 1853, un premier musée a ouvert ses portes à côté de l’église pour exposer les pierres tombales de l’époque gallo-romaine. Ce n’est qu’en 1978 qu’une campagne de fouilles permit de désacraliser l’église et de la transformer en musée.

Un impressionnant parcours de visite a été mis en place : des passerelles métalliques permettent de se déplacer au-dessus des vestiges pour les approcher au plus près et une scénographie met en relief l’histoire du site. L’éclairage minimaliste achève de conférer à cette ancienne nécropole, où l’on aperçoit des sarcophages ouverts, une ambiance toute particulière. Un guide audio donne des explications détaillées sur l’histoire et les différentes campagnes de fouilles. La dernière partie du bâtiment expose les nombreux objets retrouvés et permet l’accès à la crypte souterraine.

Adresse Musée archéologique Saint-Laurent, place Saint-Laurent, 38000 Grenoble | Transports en commun Tram B, arrêt Notre-Dame-Musée ; Bus 16, arrêt Saint-Laurent | Horaires d'ouverture Tous les jours sauf le mardi de 10 h à 18 h | À savoir Le musée propose régulièrement des visites nocturnes permettant de visiter ce lieu particulier dans une tout autre ambiance. Des animations spéciales Halloween sont également proposées.

# 50_L'Éléfàn

*L'épicerie du futur ?*

La consommation est une part importante de nos vies, de nos budgets et de nos préoccupations. Après la mode des supermarchés, hypermarchés et discounters, certains estiment que la consommation doit être plus réfléchie, plus accessible et de meilleure qualité. La mise en place d'un système permettant à tout un chacun de s'alimenter à prix modéré tout en rémunérant au prix juste le fournisseur n'est pas aisée. Et si en plus nous ajoutons à l'équation le souci de réduire son impact écologique, en privilégiant des produits locaux, durables et sans pesticides, comment trouver la solution ?

L'association l'Éléfàn a décidé de relever le défi avec une idée assez simple : donner vie à un magasin associatif, ouvert à tous sans aucune condition de revenus. Le principe ? Chacun vient faire ses courses ici lorsqu'il le désire à des prix plus avantageux que dans les magasins bios traditionnels. En échange, il est demandé aux adhérents de participer en offrant 3 heures de leur temps tous les mois pour faire fonctionner l'association.

Les activités sont au choix, suivant les compétences et les goûts de chacun : tenir la caisse du magasin, démarcher les fournisseurs, s'occuper du site internet, etc. Le tout est organisé de façon ingénieuse : chaque membre dispose d'un espace sur le site où il peut suivre son quota d'heures, obtenir des informations et échanger avec les autres membres de l'association.

Le magasin, situé tout près des grands boulevards, propose un large éventail de produits, comme n'importe quel autre magasin de quartier. Ils sont sélectionnés pour leur qualité (ils sont souvent bios, mais pas toujours) et de préférence fournis par des producteurs locaux. Bien que ne pouvant tenir la comparaison face à la grande distribution, les prix sont plus intéressants qu'ailleurs, la plupart des tâches étant assurées par les bénévoles eux-mêmes.

Adresse 13 chemin de la Capuche, 38100 Grenoble, www.lelefan.org | Transports en commun Tram C, arrêt Foch-Ferrié | Horaires d'ouverture Du lundi au vendredi de 10 h à 13 h 30 et de 16 h à 19 h (le mercredi jusqu'à 20 h 30), le samedi de 10 h à 19 h | À savoir Pour rejoindre l'association, des réunions d'intégration sont organisées un mercredi par mois.

# 51 L'espace muséographique de l'OSUG

*Voyage aux origines de la Terre*

L'Observatoire des sciences de l'univers de Grenoble est une structure regroupant plusieurs unités de recherche dans les domaines de l'astrophysique, la paléontologie, la géologie, la minéralogie et l'environnement (glaciologie, végétation, etc.). L'espace muséographique permet d'exposer et de faire connaître au grand public ces différentes disciplines scientifiques.

L'exposition est articulée en plusieurs pôles permettant de découvrir une partie des objets récoltés sur le terrain par les équipes de l'université ou achetés au fil du temps par les différents chercheurs depuis le XIX^e siècle. Après avoir été stockées dans l'ancien musée de Peinture puis à l'institut Dolomieu, les collections ont été rapatriées dans cet espace lors de sa création en 2012. Les étudiants ont participé à l'agencement de la scénographie et des animations explicatives diffusées sur les écrans du musée. La section astrophysique expose différentes météorites récoltées à travers le monde : les équipes de l'OSUG travaillent à déterminer l'âge et la provenance de ces fragments afin de mieux comprendre l'histoire de notre planète. La section paléontologie présente, quant à elle, un nombre impressionnant d'ammonites : l'université possède en effet la plus grande collection d'ammonites du crétacé inférieur au monde. Des sections de roches avec des plantes « imprimées » ou un poisson fossilisé dans une pierre, telles sont les pièces visibles pendant la visite. Du côté de la minéralogie, on peut observer toutes sortes de roches : des zircons, des silex, des cristaux et bien d'autres.

Lors de la visite guidée très instructive menée par des étudiants, les détails de la formation de notre planète et des astéroïdes sont expliqués, ainsi que les modifications environnementales observables dans les carottes de glace exposées ici.

Adresse 122 rue de la Piscine, 38400 Saint-Martin-d'Hères | Transports en commun Tram B/C, arrêt Gabriel-Fauré | Horaires d'ouverture Visite libre du lundi au vendredi de 8 h à 19 h (hors congés universitaires), visites guidées le jeudi à 12 h 15 et 13 h 45 (hors congés universitaires) | À savoir L'IGE, un des principaux instituts de l'OSUG, étudie le climat et ses changements, notamment dans les régions polaires où le réchauffement climatique est deux fois plus rapide qu'ailleurs. Les équipes de chercheurs sont amenées à se déplacer régulièrement sur le terrain pour des missions.

# 52 La fontaine du Lion et du Serpent

*Une allégorie sculptée*

Grenoble est une ville cernée par les montagnes certes, mais également par deux cours d'eau majeurs : l'Isère et le Drac. Ces rivières ont profondément façonné la vie de la cité durant des siècles : des inondations à répétition (pas moins de 150 de l'époque romaine à nos jours !) ont causé d'innombrables morts et de lourds dégâts matériels. Les esprits durablement marqués par ces catastrophes ont inventé des légendes autour de ces rivières : le Drac fut assimilé à un dragon (Drac viendrait du mot *draco* en latin) et l'Isère à un serpent (le nom dériverait du mot *ysara*, soit serpent en vieux français) ; un dicton dauphinois affirme d'ailleurs « La serpen et lo drago Mettront Grenoblo en savon ».

D'importants travaux de modernisation des digues et de gestion des cours d'eau furent entrepris au cours du XIX^e^ siècle afin de limiter les crues. La fontaine du Lion et du Serpent date de cette époque : inaugurée en 1843, elle représente un lion, symbolisant la ville de Grenoble, maîtrisant un serpent, l'Isère, entre ses crocs. Elle fut implantée face au plus ancien – et longtemps unique – pont de la ville, plusieurs fois emporté par les crues de l'Isère et reconstruit. Elle est positionnée dos à la montée de Chalemont, qui était, jusqu'au début du XVII^e^ siècle, le seul moyen de rejoindre la route de Lyon.

Son sculpteur, Victor Sappey, a fait ses études à Paris avant de revenir dans sa ville natale, où il fut le premier directeur de l'école de Sculpture architecturale qu'il avait contribué à fonder. Le corps de la fontaine et le lion ont été réalisés en pierre de Sassenage, tandis que le serpent a été coulé en bronze par le fondeur Crozatier. Dans les années 50, un portique en calcaire a été ajouté au-dessus : il comporte le blason de la ville ainsi que la reproduction d'un texte latin datant de 43 av. J.-C., dans lequel on trouve la première mention de Cularo, le nom romain de Grenoble.

Adresse Place Cymaise, 38000 Grenoble | Transports en commun Tram A/B, arrêt Hubert-Dubedout-Maison-du-Tourisme et finir à pied en traversant l'Isère | À savoir Ne ratez pas la vue sur les massifs depuis le pont Saint-Laurent, tout proche.

# 53_Le fort de Comboire

*Aux armes citoyens… ou pas !*

Au XIXe siècle, Grenoble, alors ville de garnison, se dota d'un système de protection important. Mais qui pouvaient bien être ses envahisseurs tant redoutés ? Tout d'abord, les Savoyards devenus français, auxquels on ne faisait pas encore confiance, et aussi les Italiens, tout proches. Le fort de Comboire, à la fonction surtout dissuasive, faisait alors partie de la ceinture de six forts assurant la défense de Grenoble suivant le système défini par Séré de Rivières. Il fut construit avec des matériaux novateurs entre 1882 et 1884, un temps record pour l'époque.

Le fort a été conçu pour fonctionner de manière autonome pendant 90 jours en cas de guerre : un astucieux système de récupération des eaux de pluie fournissait l'eau, et 50 tonnes de farine devaient être stockées en permanence pour nourrir les soldats, même si le bâtiment n'accueillait que la moitié des effectifs en temps de paix. Cependant, il fut obsolète dès la fin de sa construction : ses fortifications ne faisaient pas le poids face aux rapides progrès de l'artillerie, et il n'aurait pas résisté longtemps à un assaut. Cela ne s'est heureusement jamais produit, puisque ce fort n'a jamais connu de combats. Lors de la Première Guerre mondiale, il a été progressivement désarmé afin d'envoyer les pièces au front. Pendant la Seconde Guerre mondiale, on y stockait les explosifs utilisés dans les mines d'anthracite. Après la guerre, le fort a principalement servi de dépôt de munitions pour l'armée, jusque dans les années 80.

S'en est alors suivi une longue période de déchéance : un temps occupé par des écuries, il fut ensuite squatté, tagué – son enceinte a même fait office de décharge sauvage. Son salut est venu d'une association qui s'occupe à présent de sa gestion et de sa restauration. Il est aujourd'hui l'un des forts les mieux conservés de la région. Il a également la particularité de ne pas avoir subi de transformation majeure depuis sa construction, offrant un bel exemple de l'architecture militaire de la fin du XIXe siècle.

**Adresse** 1884 rue de Comboire, 38640 Claix, www.fortdecomboire.fr | **Accès** Depuis Grenoble, prenez l'A480 jusqu'à Claix. Le fort dispose également d'un petit parking | **Horaires d'ouverture** Visites tous les premiers samedis du mois, de mars à octobre, par l'association Les Amis du fort de Comboire | **À savoir** En 2020, le fort a été retenu pour la mission Patrimoine conduite par Stéphane Bern et figure parmi les 108 projets complémentaires de restauration de monuments français jugés en péril. Les financements obtenus ont notamment permis la restauration des menuiseries du bâtiment.

# 54 Le fort Rabot

*Un destin original*

Sa silhouette se dresse au-dessus de la ville de Grenoble tel un gardien depuis près de 6 siècles maintenant. Si présent et pourtant assez mal connu, car éloigné des itinéraires de promenades autour du site de la Bastille avec lequel il partage les falaises de la Chartreuse, le Rabot, comme on l'appelle familièrement, est aujourd'hui une résidence étudiante gérée par le Crous. Des étudiants de toutes les nationalités sont logés dans cet édifice historique, bénéficiant d'une vue imprenable sur la capitale des Alpes.

En 1470, Eynard Pradel se fit construire une résidence dans le style d'une maison forte sur une parcelle de vigne. Au bâti principal furent ajoutées deux tours de 20 mètres de hauteur. Le logis était composé de cinq niveaux, dont deux dédiés à l'habitation et un, situé dans les combles, prévu pour la défense. À la mort du propriétaire, sa veuve, qui ne pouvait l'entretenir, se vit contrainte de le vendre. Après avoir eu de multiples propriétaires, la résidence arriva aux mains de la célèbre famille qui lui a laissé son nom : la famille Rabot, dont sont issus plusieurs membres du parlement de Grenoble. Elle conserva la bâtisse pendant 122 ans.

Au XIXe siècle, lors de la modernisation par le général Haxo du système défensif de la ville datant de l'époque Lesdiguières (XVIIe siècle), l'intégralité des constructions du mont Rachais fut revue. Au Rabot, un nouveau fort fut construit à côté de l'ancienne maison forte : il servit à héberger près de 900 hommes et à abriter du matériel tel que l'artillerie et la poudre. Ce projet visait à protéger Grenoble d'une possible invasion de la Savoie, puisque celle-ci n'a rejoint la France que… 13 ans plus tard, ne donnant pas l'occasion de mettre les nouvelles fortifications à l'épreuve. Le Rabot est aujourd'hui sur le point de démarrer une nouvelle vie : la résidence étudiante va laisser place à un nouveau projet.

Adresse 11 rue Maurice-Gignoux, 38000 Grenoble | Transports en commun Bus 40, arrêt Le-Rabot (sur réservation) ou à pied depuis le quai Saint-Laurent | Horaires d'ouverture La résidence ne se visite pas pour le moment | À savoir L'état de vétusté des bâtiments, difficiles à entretenir, et l'emplacement du Rabot, éloigné du campus, ont mené à la décision de transformer ce lieu en 2025 : trois projets ont été retenus dans le cadre du programme Europan, concours de jeunes architectes, et le choix final reste à déterminer avec les Grenoblois.

# 55 Le garage hélicoïdal

*Un beau témoignage de l'architecture Art déco*

Installée au milieu des immeubles d'habitation, cette curiosité architecturale est bien cachée du grand public dans une petite rue du centre-ville. Il s'agit en effet d'une copropriété privée et l'accès y est généralement interdit. Le bâtiment abrite des garages de voitures depuis 1932. Construit en béton armé, le matériau de prédilection local, il arbore une forme de rampe en hélice comme l'indique bien son nom. L'allée de 65 mètres permet ainsi de desservir pas moins de 252 boxes répartis sur 8 niveaux.

Dans les années 20, le nombre de véhicules commença à augmenter et le besoin de les garer en sécurité se fit sentir : les vieux immeubles du centre-ville ne proposaient en effet pas de parking souterrain. La mairie de Grenoble autorisa donc ce projet de construction en hauteur, dirigé par les architectes Louis Fumet et Louis Noiray. C'est une filiale du groupe Vicat, le spécialiste du ciment, qui se chargea des travaux. Le chantier fut terminé dès 1929, mais il fallut attendre près de 3 ans pour l'inauguration du garage, le temps de vendre les 225 boxes de l'époque ! Le tarif était en effet élevé, car la copropriété proposait différents services tels que la présence d'un gardien, le lavage des voitures, l'entretien mécanique, le plein d'essence, etc.

La spécificité de cet ouvrage réside dans l'utilisation du béton armé pour créer une structure hélicoïdale, profitant ainsi de la flexibilité de ce matériau, mais aussi d'une résistance capable de supporter le poids de centaines de véhicules. Le garage bénéficie d'un bel apport de lumière naturelle grâce à l'immense verrière (d'origine) située sur le toit. Ce dernier dispose par ailleurs d'une terrasse avec une vue imprenable sur les toits de Grenoble, le fort de la Bastille et même la tour Perret. Malgré sa situation dans une rue peu passante, la façade extérieure du bâtiment n'a pas été négligée : des éléments Art déco ornent l'entrée qui annonce fièrement le nom du garage.

Adresse 6 rue Bressieux, 38000 Grenoble | Transports en commun Tram A/B, arrêt Victor-Hugo | Horaires d'ouverture Le garage est une propriété privée et n'est pas accessible au public. Néanmoins, des visites sont régulièrement proposées avec l'office de tourisme | À savoir Le jardin de Ville, l'un des plus anciens parcs de Grenoble, se situe à quelques rues du parking.

# 56 Hammam Café

*Une escale en Orient*

L'utilisation des bains publics remonte à l'Antiquité, puisque ce sont les Romains qui inventèrent les thermes. Au cours du VII$^{e}$ siècle, alors que l'islam se développait, les hammams devinrent partie intégrante de la culture orientale : associés aux mosquées, ils permettaient aux fidèles de se purifier avant leurs prières. Ces bains étaient également d'importants lieux de rencontre et d'échanges, puisque les différentes catégories sociales pouvaient s'y croiser. Les vestiges de ces bains se retrouvent aujourd'hui de l'Andalousie jusqu'en Syrie, en passant par toute l'Afrique du Nord. Ils ne sont arrivés en France, sous le nom de bains turcs, qu'au XIX$^{e}$ siècle, mais sont vite devenus une véritable mode au sein de la bourgeoisie parisienne.

Le hammam est traditionnellement composé de plusieurs salles (trois à quatre) : la première salle à température ambiante, la deuxième légèrement chauffée, jusqu'à la dernière salle la plus chaude, la salle de sudation, qui permet aux pores de la peau de se dilater. Il est conseillé de bien passer par chacune des salles pour laisser au corps le temps de s'acclimater.

L'histoire du Hammam Café a commencé en 2003 lorsque Corinne Lévy, inspirée par ses voyages, décida de transformer les caves d'un immeuble d'habitation en hammam, lançant d'importants travaux. Elle s'est poursuivie avec Julia Perrin : d'abord embauchée en parallèle de ses études, elle devint employée à plein temps avant de reprendre l'affaire en 2020. Sur 250 mètres carrés, le Hammam Café offre à ses clients trois espaces chauffés avec des taux d'humidité allant de 50 à 100 %, ainsi qu'une salle de repos où prendre le thé après une séance. Comme chez ses prédécesseurs antiques, on y propose également des services de massage et de gommage, ainsi qu'un institut de beauté. La terrasse, à l'esprit oriental avec son grand palmier, permet de profiter d'une pause au grand air avant de retrouver le monde extérieur.

Adresse 6 rue Colbert, 38000 Grenoble, hammamcafe.com | Transports en commun Tram A/B/E, arrêt Alsace-Lorraine | Horaires d'ouverture Pour les femmes, du lundi au vendredi de 10 h à 22 h (fermeture à 17 h le jeudi), le samedi de 9 h à 21 h. Pour les hommes, le jeudi de 17 h à 22 h. Le hammam est mixte de 10 h à 22 h les deux derniers jeudis du mois | À savoir Profitez de votre visite au Hammam Café pour explorer le quartier de l'Aigle. Vous y trouverez notamment les bâtiments d'anciennes manufactures de gants, comme celle du 6 rue Irvoy, transformée en école. L'association Cirig propose une visite guidée pour les découvrir (www.cirig.org).

# 57_L'Histo Bus Dauphinois

*Se laisser porter par l'histoire des transports*

L'association Standard 216 a vu le jour en 1989 afin de préserver le patrimoine des transports en commun. La France ne compte sur ton territoire qu'une dizaine de musées de ce type, dont la moitié située en région Auvergne-Rhône-Alpes. Après quelques années de travail et de recherche de locaux, le musée a ouvert ses portes en 2006 sur la commune du Pont-de-Claix. Il occupe aujourd'hui une ancienne usine d'engins de chantier de l'entreprise Richier et Nordest, fermée en 1983.

Cette association de passionnés réunit aujourd'hui 77 membres bénévoles, qui restaurent eux-mêmes les véhicules exposés dans le musée : un travail colossal de remise en état des moteurs, de nettoyage et de changement des sièges, de peinture des carrosseries, etc. Dans l'immense bâtiment de plus de 3 000 mètres carrés sont présentés plus d'une trentaine de véhicules de transport en commun, répartis en quatre espaces différents : les autocars, les autobus, les trolleys et les tramways. Le plus ancien est un char à bancs datant de 1910... autrement dit une calèche !

L'association s'emploie à retracer l'histoire des transports en commun de Grenoble et de l'Isère. Pour cela, ses membres partent à la recherche de véhicules qui ont servi sur nos territoires ou de leurs équivalents, récupérés partout en France et remis aux couleurs locales. L'exposition permet de découvrir l'évolution des véhicules et les épopées des grands constructeurs de l'époque, tels que Berliet ou Chausson. L'espace d'exposition dédié aux tramways retrace l'histoire ferroviaire de la région en images et en maquettes. On y apprend par exemple que, à la suite d'une mobilisation des personnes à mobilité réduite, c'est à Grenoble que fut mis en service le premier tramway adapté au monde, réalisé par le constructeur Alstom, en 1987 ! C'est également ici que furent mis au point les premiers quais de bus accessibles ; aujourd'hui 100 % du réseau grenoblois est adapté.

**Adresse** 2 avenue Charles-de-Gaulle, 38800 Le Pont-de-Claix, www.standard216.com | **Transports en commun** Tram A, arrêt L'Étoile | **Horaires d'ouverture** Visite (gratuite) uniquement sur réservation. Le musée organise également des visites spéciales lors d'événements comme les Journées du patrimoine | **À savoir** Des informations historiques détaillées sont disponibles sur le site de l'association et un livre sera prochainement publié pour être offert aux adhérents.

# 58 Home Studio Café

*Le bien-être gourmand*

Alors que le centre-ville de Grenoble se réveille tout doucement dans le creux de ces hauts massifs, les rayons de soleil éclairent déjà les vitres du Home Studio Café, le baignant d'une douce lumière matinale qui aide à démarrer la journée de bonne humeur. En cuisine, on s'affaire déjà à préparer cafés, matcha et autres boissons énergisantes pour les premiers clients, attablés en salle ou sur la petite terrasse. Les commandes sont accompagnées de délicieux cookies ou scones préparés avec amour dans un autre commerce de Grenoble, le fameux Adélaïde Cookies de la rue Lafayette, dont la réputation n'est plus à faire. Situé sur une artère très passante de la ville, les grands boulevards, le café baigne pourtant dans un calme surprenant. La spécificité du lieu est de réunir dans un même endroit un café et un studio de yoga, qui propose toute une palette de cours durant la journée. Les apprentis yogis peuvent ensuite prendre une collation avant de vaquer à leurs activités.

Le yoga, très en vogue ces derniers temps, s'est largement développé dans la métropole grenobloise et il est possible de trouver des cours de tous les styles. Discipline physiquement accessible à tous, le yoga favorise la concentration et la détente. Bien que les origines de la discipline remontent à plus de 4000 ans en Inde, il est plus que jamais adapté aux maux de notre époque : sédentarité, mauvaise alimentation, stress, etc.

Sihem a eu l'idée de ce lieu lorsqu'elle vivait à Paris : après avoir découvert le yoga et ses bienfaits, elle a voulu faire partager cette expérience dans sa ville d'origine avec un concept inédit ici. Une fois le projet sur les rails, elle s'est entourée de six enseignants de yoga partageant sa vision. Chacun est spécialiste d'un domaine différent : vinyasa, kundalini, yin yoga, ashtanga, yoga enfants et même Pilates. C'est ainsi que le studio-café a ouvert ses portes en septembre 2021.

Adresse 28 boulevard Joseph-Vallier, 38000 Grenoble, www.homestudiocafe.fr | Transports en commun Tram C/E, arrêt Vallier-Libération ; Tram C, arrêt Vallier-Docteur-Calmette | Horaires d'ouverture Café : du lundi au vendredi de 8 h à 18 h, le samedi de 9 h à 13 h. Cours de yoga : horaires et réservation sur le site | À savoir On pense souvent que le yoga se résume à la pratique des postures, mais ce n'est qu'une facette de cette discipline. Le yoga au sens large se compose de huit aspects : *yama* (règles sociales), *niyama* (règles personnelles), *asana* (postures), *pranayama* (respiration), *pratyahara* (conscience), *dharana* (concentration), *dhyana* (méditation) et *samadhi* (félicité parfaite).

# 59 L'horloge solaire

*Un voyage dans le temps*

En plus de posséder une riche histoire remontant au XVII$^{e}$ siècle et d'avoir hébergé les premières versions de la bibliothèque municipale de la ville et du musée de Grenoble, le lycée Stendhal nous réserve encore une autre curiosité. Dans la cage d'un escalier se cache, en effet, une horloge solaire tout à fait fascinante.

Cette œuvre, créée en 1673 par le père Bonfa, astrologue et mathématicien jésuite, recouvre le plafond et les murs sur deux volées de marches. Il ne nous reste aujourd'hui aucun document expliquant la réalisation de cette horloge, mais nous supposons que son auteur a suivi la course du soleil pendant un an afin d'en noter les diverses positions. Le système de lecture n'est pas des plus simples : de petits miroirs placés aux fenêtres permettent de réfléchir un point sur les murs (soit à l'est soit à l'ouest, suivant le moment de la journée). Le point se réfléchit dans une des zones délimitées par des lignes appartenant à chaque heure ou demi-heure. L'heure alors indiquée est l'heure vraie, correspondant à Grenoble. Ce système est appelé cadran solaire à réflexion. Le problème est qu'en cas de mauvais temps il est impossible de l'utiliser !

Mais là n'est pas la seule fonctionnalité de cette curieuse horloge : elle contient également les signes astrologiques, un calendrier lunaire (avec une table des épactes pour ajuster l'année), les heures de lever et de coucher du soleil ainsi que celles du crépuscule et de l'aurore, et une fonctionnalité inattendue, à savoir le temps écoulé depuis le dernier coucher ou lever du soleil. Un des murs présente également une table des maisons astrologiques (division de la sphère céleste) afin de réaliser le thème astral d'une personne. Ces horloges n'étaient pas rares à l'époque, mais peu étaient aussi complètes que celle-ci. Elles ont disparu au cours du XX$^{e}$ siècle avec l'arrivée du chemin de fer qui exigeait un horaire uniformisé dans tout le pays.

Adresse Lycée Stendhal, 1bis place Jean-Achard, 38000 Grenoble | Transports en commun Tram A/B, arrêt Hubert-Dubedout-Maison-du-Tourisme | Horaires d'ouverture Accès au lycée en tant qu'élève, sinon visible uniquement sur visite guidée à réserver auprès de l'office du tourisme | À savoir Le lycée Stendhal devint un lycée pour filles au XIXe siècle et le resta jusque dans les années 60. C'est durant cette période que Marie Reynoard, fer de lance de la Résistance grenobloise, y a enseigné avant d'être arrêtée par les nazis.

# 60_L'hôtel d'Ornacieux

*Un hôtel particulier Renaissance*

Dans le quartier historique de Grenoble, rien ne laisse penser que cet édifice caché parmi les nombreux commerces de cette rue pavée sort de l'ordinaire, à part peut-être son portail de style Louis XIII, plus travaillé que ceux de ses voisins. C'est un trait caractéristique des demeures de parlementaires grenoblois : aucun signe ostentatoire ne laisse transparaître la richesse des lieux depuis la rue, contrairement aux fastueux hôtels particuliers que l'on retrouve dans les autres « bonnes villes » (terme de l'Ancien Régime désignant les villes bénéficiant de privilèges octroyés par le roi de France), comme Aix-en-Provence ou Bordeaux.

Les familles nobles investirent ce quartier après la destruction des remparts romains, ordonnée pour agrandir la ville. Construit au cours du XVII^e^ siècle par la famille d'Ornacieux, cet hôtel particulier puise son inspiration dans l'architecture italienne. Les deux ailes du bâtiment, organisées autour d'une cour centrale, sont mises en avant grâce à un escalier à loggia particulièrement remarquable. La couleur ocre de l'ensemble lui donne l'allure d'une authentique demeure toscane. Bien qu'ayant subi plusieurs ajouts au fil des siècles, l'édifice conserve une belle harmonie. La cour est pavée de galets de rivière qui prennent des teintes multicolores au soleil. C'est en son centre que prenait jadis place la vie de cour, d'où son aspect très théâtralisé. Tout au fond, dans les anciennes cuisines et écuries, vous trouverez aujourd'hui un petit atelier de poterie.

Les membres de la famille d'Ornacieux siégèrent au parlement de Grenoble pendant plusieurs siècles et certains furent même évêques au trône épiscopal de Grenoble. Mais c'est pour avoir été habité par l'ingénieur grenoblois Jacques Vaucanson que cet hôtel est aujourd'hui connu. En effet, l'inventeur des premiers automates y vécut après la mort de son père en 1717. C'est la raison pour laquelle le lieu est également connu sous le nom d'hôtel Vaucanson.

Adresse 8 rue Chenoise, 38000 Grenoble | Transports en commun Tram B, arrêt Notre-Dame | Horaires d'ouverture Accès à la cour de 7 h à 19 h. Des visites guidées gratuites sont organisées par l'association Patrimoine et Développement, à réserver sur www.patrimoine-grenoble.fr. L'accès à l'escalier est possible lors des Journées du patrimoine | À savoir Jacques Vaucanson a beaucoup modernisé le secteur du textile. Il est l'inventeur du métier à tisser automatique, mais aussi du tour, machine élémentaire de la mécanique industrielle. Un exemplaire de ce dernier est aujourd'hui exposé au musée des Arts et Métiers de Paris.

# 61 L'hôtel des Troupes de Montagne

*Passé et présent militaire*

La place de Verdun est l'un des lieux les plus marquants de Grenoble : on y trouve d'imposants édifices organisés autour du square central. Ces immeubles, qui datent tous de la même époque, sont richement décorés et donnent un prestige certain à ce quartier. La place de Verdun, créée après la destruction des remparts de la ville, accueillait autrefois les parades militaires et s'est appelée pendant un temps la « place d'Armes ». Au fil du temps, plusieurs bâtiments importants y ont été ajoutés : le musée-bibliothèque (voir chap. 77), le palais de l'Université, le palais de la Préfecture, un imposant hôtel particulier, une école d'artillerie et l'hôtel des Troupes de Montagne.

Faisant fièrement face à la préfecture de l'Isère, l'hôtel des Troupes de Montagne est un lieu particulièrement intéressant à Grenoble. Édifié au XIXᵉ siècle, son intérieur a été conservé sans modifications majeures, avec ses décorations d'époque et tout son mobilier. Auparavant se trouvait déjà à cet emplacement le palais du lieutenant général des armées du roi : celui-ci fut pillé pendant la journée des Tuiles précédant la Révolution française. Le style néo-classique de l'hôtel est moins ostentatoire que celui des bâtiments voisins : des mascarons aux fenêtres représentent des visages de jeunes hommes casqués ou un personnage plus vieux, symbolisant la sagesse. On peut également noter que les insignes des Bonaparte sont toujours visibles : la lettre « N » ou les armoiries représentant un aigle tenant la foudre entre ses serres, disséminées ici et là. L'intérieur du bâtiment renferme un vaste escalier d'honneur et l'étage, dédié à la réception, comporte plusieurs grandes salles d'apparat.

Cet hôtel a abrité plusieurs corps militaires différents au fil des siècles et sert aujourd'hui encore à la 27ᵉ brigade d'infanterie de montagne.

Adresse 5 place de Verdun, 38000 Grenoble | Transports en commun Tram A, arrêt Verdun-Préfecture | Horaires d'ouverture Le lieu ne se visite que lors d'événements particuliers ou lors des Journées du patrimoine | À savoir L'application Archistoire permet de découvrir un parcours en réalité augmentée autour des anciens lieux militaires de Grenoble.

# 62 L'immeuble percé

*Une arche sans fonction*

Au détour d'une balade dans le centre-ville de Grenoble, ce drôle d'immeuble émerge de la rue Hébert, pourvu d'une curieuse ouverture dans sa façade. Est-ce une autre excentricité architecturale des années 60 comme la cité en a le secret ? Il s'agit en réalité du seul vestige d'un curieux projet avorté. Alors que la circulation dans la ville devenait de plus en plus problématique – le dernier tramway avait été retiré en 1952 –, les élus se tournèrent vers un projet révolutionnaire pour l'époque : des cabines automatiques tractées par câble. Bien que ce mode de transport soit habituellement utilisé en montagne, l'entreprise grenobloise Poma proposa de l'adapter au milieu urbain : situé en hauteur, il offrait l'avantage de ne pas empiéter sur l'espace dévolu aux automobiles.

La société Poma a été créée en 1946 par l'ingénieur Jean Pomagalski, inventeur et installateur du premier téléski dans les années 30. Elle s'est développée rapidement en équipant les nombreuses stations de sport d'hiver. Toujours en activité, la compagnie installe aujourd'hui des moyens de transport innovants à travers la planète et bat régulièrement des records avec ses réalisations. Le projet grenoblois de transport par câble, baptisé Poma 2000, prévoyait le passage de cabines autonomes de 23 places en plein centre-ville et la construction de grandes stations en hauteur pour y accéder. Un immeuble présent sur le futur tracé a donc été adapté afin de laisser de l'espace pour le passage des rails et des cabines. Des tests grandeur nature ont même été effectués sur un petit circuit installé à côté de La Villeneuve. Cependant, le projet comportait des inconvénients majeurs : une pollution visuelle importante dans le centre-ville historique et un coût jugé trop élevé à l'époque. La municipalité a finalement préféré opter pour la réintégration de lignes de tramway en centre-ville, qui ont fait leur retour en grande pompe à Grenoble en 1986.

Adresse Rue Hébert, 38000 Grenoble | Transports en commun Tram A, arrêt Verdun-Préfecture | À savoir L'entreprise Poma a installé le téléphérique touristique de la Bastille et travaille actuellement sur un projet de liaison par câble entre Fontaine et Saint-Martin-le-Vinoux.

# 63 Indian Forest Chartreuse

*Pour les petits et grands tarzans*

Créé dans les années 2000, le parc Indian Forest fait partie des premiers parcs d'accrobranche de l'agglomération grenobloise. Situé au cœur du massif de la Chartreuse, à une vingtaine de minutes seulement du centre-ville, il offre une pause fraîcheur en pleine nature, bienvenue pendant les fortes chaleurs d'été.

Non loin du centre du Sappey-en-Chartreuse, devant une vue panoramique sur le sommet de Chamechaude, vous trouverez des loisirs adaptés à toute la famille : les parcours nichés dans les arbres sont déclinés en 15 itinéraires différents, classés par couleurs suivant leur difficulté. Le plus facile, « Les P'tits Indiens », est accessible dès l'âge de 2 ans et permettra aux plus jeunes de s'initier à l'aventure en toute sécurité. Trois autres parcours sont dédiés aux 4/5 ans et les 12 niveaux suivants aux plus de 6 ans. Chaque parcours est équipé d'une ou plusieurs tyroliennes (même pour les tout petits!) et est parsemé d'accessoires parfois inattendus, comme des tonneaux suspendus à traverser ou encore une planche de surf volante!

Afin d'offrir des activités adaptées à tous les goûts, le parc s'est enrichi ces dernières années de nouvelles options. Ainsi est né l'escape game « Robin de la Chartreuse », qui permet de partir à la recherche de la réserve d'or cachée dans le parc par Robin et ses amis, ou encore l'activité trampoline, offrant une surface de 100 mètres carrés pour rebondir dans les airs au cœur de la forêt! Mais l'invention la plus étonnante est le jeu de laser game dans les bois : les participants en quête de sensations fortes se mettent dans la peau de tireurs d'élite et partent s'affronter en équipe, munis de leurs armes… sans faire aucune victime! Les armes utilisées dans ce jeu sont les mêmes que celles utilisées pour l'entraînement de certaines armées étrangères et tirent une lumière laser (inoffensive) en plein jour.

Adresse Le Plat, 38700 Le Sappey-en-Chartreuse, www.if38.com | Accès Depuis Grenoble, prenez la D512 jusqu'à Le Sappey-en-Chartreuse | Horaires d'ouverture En juillet et août, tous les jours de 10 h à 19 h, horaires réduits le reste de l'année, à consulter sur le site | À savoir Dès les premières neiges, ne manquez pas l'ouverture de la petite station de sport d'hiver du Sappey-en-Chartreuse (www.sappey-mairie.fr).

# 64_L'Isère

*Un usage méconnu*

L'Isère est la principale rivière qui traverse la ville de Grenoble. Avec son affluent, le Drac, elle a contribué à façonner le paysage et les frontières du territoire. Elle prend sa source en Savoie, sillonne la plaine du Grésivaudan, traverse la cité grenobloise et poursuit sa route en direction de la Drôme pour rejoindre le Rhône juste avant Valence. Si l'Isère est surtout connue pour ses nombreuses crues, dont certaines ont été particulièrement meurtrières et ont durablement marqué les esprits au cours de l'histoire, elle garde secret un autre aspect pourtant intéressant.

De tout temps, l'Isère a servi de voie navigable, permettant d'acheminer des passagers, mais surtout des marchandises, depuis et vers Grenoble. Dès l'époque romaine, la rivière était utilisée comme moyen de transport, ce qui permit, entre autres, le développement économique de la cité de Cularo, devenue Grenoble. Cette navigation était possible grâce à de petites embarcations – eh non, Grenoble n'a jamais vu circuler de péniches sur ses eaux ! D'ailleurs, de nombreuses peintures du XIX^e^ siècle mettent en scène ces bateaux, comme les tableaux d'Antoine-Ignace Melling ou ceux d'Alexandre Debelle. Au Moyen Âge, ce moyen de transport comportait de nombreux avantages : il était relativement sûr contrairement aux routes où sévissaient des bandes de brigands ; il permettait de transporter aisément de lourdes charges de pierres ou de bois et il était relativement rapide dans le sens Grenoble-Valence – le trajet durait « seulement » 13 heures ! Dans l'autre sens, on avait recours à un chemin de halage pour remonter la rivière, ce qui prenait environ deux semaines. L'arrivée du chemin de fer au cours du XIX^e^ siècle précipita le déclin de l'activité fluviale : le dernier batelier fut mis à l'arrêt en 1929 et la rivière radiée de la liste des voies navigables en 1957. Aujourd'hui, les seuls signes de ce passé sont les nombreux crochets d'arrimage visibles le long des quais ou encore sur la place de Bérulle, autrefois le port de l'Eguiers.

Adresse Quai Créqui, 38000 Grenoble | Transports en commun Bus 16/62, arrêt Xavier-Jouvin | À savoir Une curieuse coutume avait cours sur le port de l'Eguiers, censée favoriser le commerce : « embarquer les veillées à Beaucaire ». À la fin de l'hiver, on clouait des bougies sur un petit radeau, on les allumait et on lançait l'embarcation sur la rivière. Voguant sur le Rhône, elle devait ensuite parvenir à Beaucaire, cité avec laquelle Grenoble commerçait beaucoup.

# 65 Le jardin des Cairns

*Potager du couvent*

Idéalement situé sur les contreforts de la Chartreuse, juste sous les jardins du Musée dauphinois, le jardin des Cairns est un lieu privilégié, presque confidentiel et pourtant ouvert à tous. Ce jardin partagé, cultivé en terrasses, bénéficie d'une vue spectaculaire sur l'agglomération grenobloise et ne se trouve qu'à quelques minutes du centre-ville. Il faut cependant être prêt à gravir les dizaines de marches de la montée Chalemont : il s'agit de la seule voie permettant de s'y rendre. Une petite entrée discrète dans l'immense mur de l'ancien couvent donne sur les parterres fleuris du jardin, où l'on est accueilli par les bénévoles de permanence.

Cet endroit original est né en 2009 dans l'esprit d'un étudiant en architecture dans le cadre de son projet de fin d'études. Deux ans plus tard, un jardin partagé sur un terrain du Musée dauphinois vit le jour grâce à un accord avec l'institution. Face au succès de l'entreprise, une association fut créée, qui gère depuis cet espace pour le bonheur des adhérents et des visiteurs de passage. Ouverte à tous, elle s'occupe d'administrer le lieu grâce à plusieurs commissions; les adhérents peuvent participer indifféremment aux projets qui les intéressent lorsqu'ils sont annoncés. Le jardin permet de cultiver plusieurs dizaines d'espèces différentes ; son exposition exceptionnelle le rend particulièrement favorable aux espèces méditerranéennes. C'est la raison pour laquelle on y trouve un olivier, un figuier, un amandier, un argousier, un néflier et même un grenadier. Les aromates sont également très présents : thym, romarin, mélisse, verveine ou lavande côtoient des légumes traditionnels que l'on trouve habituellement dans les potagers. Parmi les derniers aménagements, on peut noter la création d'une nouvelle terrasse pour profiter de la vue dégagée sur les massifs. En plus des ouvertures au grand public, l'association organise également des visites à thèmes à destination du public scolaire.

Adresse 56 rue Saint-Laurent, 38000 Grenoble, www.lejardindescairns.fr | Transports en commun Tram B, arrêt Notre-Dame-Musée ; Bus 16/62, arrêt Xavier-Jouvin, puis marchez jusqu'à la fontaine au Lion. De là, prenez les escaliers de droite, le portillon de l'entrée est juste après le virage | Horaires d'ouverture Les horaires d'ouverture sont variables, à consulter sur le site | À savoir En plus des ventes de miel à la fin de l'été, l'association organise également un troc de plantes le premier week-end du mois de juin. Par ailleurs, un projet de liaison entre le Musée dauphinois et le jardin est en cours afin de permettre aux visiteurs de passer d'un lieu à l'autre sans sortir.

# 66 Le jardin des Dauphins

*Une folie à la dauphinoise*

Situé juste au-dessus de la porte de France, au niveau des anciennes fortifications de la ville édifiées par Lesdiguières, ce jardin surplombe la ville de Grenoble et offre de beaux points de vue. Il est difficile de savoir exactement où commence et où prend fin ce domaine dispersé sur plusieurs niveaux. Le promeneur prendra plaisir à se perdre dans le dédale de sentiers sillonnant le parc.

Dès l'entrée, une magnifique statue en l'honneur de l'héroïne dauphinoise Philis de La Charce accueille le visiteur en ces lieux. Le chemin serpente entre la végétation luxuriante, isolant peu à peu le promeneur de la dense circulation de la route nationale en contrebas. De nombreuses espèces d'arbres, tels des chênes verts, peuplent l'endroit. On y trouve également des essences plus inattendues comme des aloe vera, des cactus ou des palmiers. En effet, la configuration particulière des lieux génère un microclimat propice à la culture de plantes de milieux arides.

L'histoire de ce jardin commença à la fin du XVIII<sup>e</sup> siècle lorsque Jean-Baptiste Dolle, industriel grenoblois, acquit cet espace abandonné pour y bâtir son château. Les plans du jardin furent dessinés par l'ingénieur-géographe du roi, et des travaux d'aménagement colossaux et coûteux s'ensuivirent. Mais rien n'était trop beau pour Dolle, qui fit édifier un château surnommé « château de la folie » par le peuple. Le lieu servit de cadre à de somptueuses fêtes, comme celle en l'honneur du retour du parlement du Dauphiné dans la ville. Pendant la Révolution, Dolle se réfugia à Saint-Domingue, perdit tout son patrimoine et les lieux tombèrent dans l'oubli. Au XIX<sup>e</sup> siècle, une partie du jardin fut exploitée comme carrière de pierres, puis le site passa aux mains de l'armée après la mise en place des fortifications Haxo. Lorsque la municipalité le récupéra au début du XX<sup>e</sup> siècle, tout était à refaire. Elle entreprit de le réaménager pour attirer les visiteurs et lui donna son nom actuel.

Adresse 24 quai de France, 38000 Grenoble | Transports en commun Tram E, arrêt Annie-Fratellini-Esplanade | Horaires d'ouverture De la mi-septembre à mars, tous les jours de 9 h à 18 h ; d'avril à la mi-septembre, tous les jours de 9 h à 20 h | À savoir Le sentier menant à la Bastille passe devant la statue de Philis de La Charce : au XVII$^{e}$ siècle, cette jeune fille de la noblesse organisa la résistance contre l'invasion du prince Victor-Amédée II de Savoie en réunissant une armée de paysans. Elle aurait ainsi réussi à libérer Gap, le Diois et les Baronnies. La marquise de Sévigné fit ensuite connaître cette Jeanne d'Arc dauphinoise à la cour de Louis XIV.

# 67_Le jardin Dominique-Villars

*Secret de plantes*

Saviez-vous qu'un jardin de plantes médicinales se cachait à Grenoble ? Situé plus précisément sur la commune de La Tronche, au sein de l'hôpital universitaire de Grenoble, il est utilisé comme outil de formation pour les étudiants des facultés de pharmacie et de médecine. Près de 60 % des médicaments tirent leurs principes actifs de substances naturelles, l'homme ne faisant que reproduire ce que la nature a créé. Il est donc important pour les étudiants d'apprendre à identifier ces plantes pour la recherche de futurs traitements, mais également pour éviter les empoisonnements. Cet espace porte le nom de Dominique Villars, un célèbre Isérois : issu d'une famille modeste du XVIII^e^ siècle, ce petit berger devint un célèbre botaniste, connu dans toute la France pour ses ouvrages, et qui exerça à l'hôpital de Grenoble tout en enseignant à l'École centrale. Admiré pour sa grande générosité, il contribua à sauver de nombreuses vies, notamment celle du futur roi de Suède, Bernadotte. Il créa le premier Jardin botanique à des fins éducatives près de la porte de Bonne. Ce jardin changea plusieurs fois d'emplacement dans la ville, dont celui qu'il occupe aujourd'hui, avant de partir au Muséum d'histoire naturelle au XIX^e^ siècle !

Le jardin actuel a été recréé en 2014 à l'initiative de Serge Krivobok, enseignant de l'université, grâce au travail des élèves du lycée horticole de Grenoble. Plus de 200 espèces de plantes sont réunies dans cet espace, organisées selon leurs propriétés thérapeutiques. L'endroit abrite également des plantes toxiques, un jardin médiéval ou encore un jardin japonais. Des panneaux explicatifs plantés dans les bacs permettent de découvrir les végétaux. Une zone dédiée aux insectes pollinisateurs accueille même un rucher pour sensibiliser le public au rôle primordial de ces petites bêtes.

**Adresse** Faculté de médecine et de pharmacie, 23 avenue du Maquis-du-Grésivaudan, 38700 La Tronche | **Transports en commun** Tram B, arrêt Michallon | **Horaires d'ouverture** En libre accès toute l'année ou visites guidées à réserver sur culture.univ-grenoble-alpes.fr | **À savoir** Le site du CHU propose un autre espace dédié au grand public : le musée des Sciences médicales de Grenoble, qui présente régulièrement de nouvelles expositions (musee-sciences-medicales.fr).

# 68_Le K Fée des Jeux

*Découverte de nouveaux horizons*

Sur une des façades des bâtiments donnant sur l'Isère apparaît une devanture qui se démarque par un jeu de mots intrigant, « K Fée des Jeux ». Ce lieu accueille en effet des clients qui viennent en groupe s'adonner à des parties de jeux de société. Après avoir partagé un bon repas à base de produits locaux, les clients peuvent choisir leur jeu et débuter la partie, guidés par un des animateurs du lieu.

Cette entreprise originale a été imaginée en 2008 par Christelle et Philippe, qui souhaitaient créer un lieu de vie où partager un verre autour d'un jeu de société en famille ou entre amis. De plus, leur approche permet de promouvoir les jeux de société auprès du grand public et d'initier les plus frileux à cette activité récréative. Le café s'organise autour de différents espaces : un grand bar où sont servis les joueurs et les clients de passage, une salle à manger, une salle de jeux avec des tables en bois de style XX^e^ siècle, un sous-sol aménagé, sans oublier la petite terrasse et son mobilier coloré où profiter du soleil à la belle saison. Dans la salle principale, une immense étagère s'élevant jusqu'au plafond regroupe un nombre impressionnant de boîtes. Le café possède en effet plus de 800 jeux de société et 350 jeux de rôle, de quoi contenter même les clients les plus exigeants ! Afin de garder à jour cette sélection, les propriétaires suivent de près l'actualité du monde ludique et se tiennent au courant des dernières sorties. Le couple se rend même régulièrement au Festival international des jeux à Cannes.

En plus de l'activité jeux de société, le café propose régulièrement à ses clients différents événements faisant intervenir des personnalités du milieu – artistes ou créateurs – et des soirées à thèmes, comme la Drink and Draw pour s'entraîner au dessin autour d'un verre, ou le ProtoLabo qui permet de tester des jeux en cours de développement. Amusement garanti !

Adresse 1 quai Stéphane-Jay, 38000 Grenoble, www.kfeedesjeux.com | Transports en commun Tram B, arrêt Notre-Dame-Musée | Horaires d'ouverture Du lundi au samedi de 12 h à 1 h. Les événements ponctuels sont annoncés sur le site | À savoir Une association propose un concept similaire aux plus jeunes sur l'autre rive de l'Isère : au 48 quai de France, La Maison des Jeux offre aux enfants et aux parents un espace où jouer aux jeux de société (www.maisondesjeux-grenoble.org).

# 69 Les lacs du Bois Français

*La nature aux portes de la ville*

Directement accessible via la voie verte V63 reliant Grenoble à Chambéry, le lac du Bois Français est le plus proche de l'agglomération. En partant du centre-ville, il suffit de rejoindre la piste cyclable sur les berges de l'Isère côté Saint-Martin-d'Hères. De là, le tracé contourne le campus pour rejoindre la passerelle du parc de l'Île d'Amour qu'il faut emprunter pour traverser la rivière. La piste cyclable se termine juste après le parc, mais le trajet se poursuit sur un petit chemin agricole à travers champs où l'itinéraire est bien indiqué. Dans la vallée du Grésivaudan, la piste cyclable protégée reprend et traverse la vallée jusqu'à la base nautique du Bois Français. Le parcours, ne présentant aucune difficulté, peut être réalisé en famille ; il faut compter environ 1 heure depuis le centre.

La base nautique du Bois Français est un espace artificiel aménagée à la fin des années 60 afin d'éviter les inondations dues au tracé en forme de boucle de l'Isère. La zone est aujourd'hui composée de cinq lacs séparés par des monticules de terre : le lac Belledonne, dédié à la pêche, le lac Taillefer, réservé à la baignade, le lac Vercors, consacré aux activités nautiques comme le canoé ou la planche à voile, le lac Chartreuse, dévolu au ski nautique, et enfin le bois de la Bâtie, un espace naturel sensible où vivent de nombreuses espèces animales que l'on peut observer depuis les sentiers et les aménagements prévus pour les promeneurs.

L'espace de baignade a été pensé afin d'accueillir les visiteurs dans les meilleures conditions : accessible aux personnes à mobilité réduite, le site offre une baignade surveillée toute la journée, avec des zones délimitées par profondeur. Des cours de natation sont même proposés l'été. Un petit restaurant et une aire de jeux permettent de passer toute la journée sur place, en profitant de la pelouse ombragée avec vue panoramique sur Belledonne.

Adresse Allée Félix-Picard, 38330 Saint-Ismier | Accès Depuis Grenoble, prenez l'A41 en direction de Saint-Ismier. La ligne de bus n°15 est prolongée en été jusqu'au Bois Français | Horaires d'ouverture De mi-mai à début septembre de 10 h à 20 h | À savoir La plage du lac est faite de galets sur lesquels il est difficile de marcher : pensez à prévoir des chaussures d'eau ou des tongs.

# 70 La librairie Arthaud

*Une librairie chargée d'histoires*

La maison Rabot, qui héberge aujourd'hui la librairie Arthaud, est un de ces édifices devant lesquels nous passons tous les jours sans en soupçonner l'histoire. En effet, cet hôtel particulier date de la fin du XVIe siècle, époque à laquelle le seigneur Lesdiguières, gouverneur de Grenoble, entreprit de grands travaux pour développer la ville, alors engoncée dans les murs d'une enceinte romaine. La maison Rabot se dresse ainsi à l'emplacement d'une ancienne porte de la période antique, démolie en 1591. La famille Rabot, qui donna son nom à la demeure, était une importante famille grenobloise, comptant parmi ses membres de nombreux conseillers et présidents du parlement du Dauphiné. Notez que trois rois de France vinrent à séjourner au sein de l'hôtel Rabot.

La façade comporte une tourelle rappelant les oriels alsaciens côté rue Jean-Jacques-Rousseau. C'est d'ailleurs cette particularité qui est classée au titre des monuments historiques depuis 1927. L'intérieur du bâtiment révèle également un imposant escalier à balustres de pierre, qui est l'axe central de la librairie actuelle.

L'hôtel changea plusieurs fois de propriétaire et d'affectation ; il aurait même accueilli une fabrique de ratafia Teisseire au début du XVIIIe siècle. Une librairie y élut domicile au début du XIXe siècle et devint dans le courant du XXe siècle la maison d'édition Arthaud, qui employait plus d'une centaine de personnes. Cette activité fut transférée à Paris lors de l'acquisition de l'entreprise par les éditions Flammarion à la fin des années 70, mais la maison Rabot conserva la librairie. Cette longue histoire a bien failli s'arrêter net en 2014 avec la menace d'une fermeture. C'était compter sans la mobilisation des Grenoblois, à laquelle se sont joints de nombreux auteurs de bande dessinée. Un album inédit fut même publié en soutien aux employés. Aujourd'hui, la librairie Arthaud est l'une des plus grandes du pays.

Adresse 23 Grande-Rue, 38000 Grenoble, www.librairie-arthaud.fr | Transports en commun Tram A/B, arrêt Hubert-Dubedout-Maison-du-Tourisme | Horaires d'ouverture Du lundi au samedi de 10 h à 19 h | À savoir Le dernier étage du bâtiment, la salle Rabot, accueille régulièrement des conférences d'auteurs ou des expositions temporaires.

# 71 La mairie de Saint-Égrève

*Demeure de la bourgeoisie industrielle du XIXe siècle*

Cette immense propriété fut la demeure de l'industriel Charles Borel, issu d'une riche famille de gantiers et administrateur de la société des ciments de la Porte de France. En 1903, celui-ci acheta la maison forte de Visancour qu'il fit détruire pour bâtir le château actuel en faisant appel aux architectes Morard et Bonnat. L'édifice à deux niveaux fut construit en béton, le matériau de prédilection en ce début du XXe siècle. Les différents éléments décoratifs du bâtiment, les encadrements de fenêtres et les balustrades ont également été réalisés en béton moulé. La façade sud comporte une remarquable rotonde en pierre calcaire donnant sur le parc adjacent. La façade ouest n'est pas en reste avec son balcon et sa porte finement ouvragée en fer forgé.

Après l'aspect grandiose des extérieurs, l'intérieur de la demeure réserve lui aussi bien des surprises : les décors d'époque ont tous été conservés et ont fait l'objet de restaurations récentes. Une magnifique mosaïque au sol accueille le visiteur dès son entrée et un escalier magistral dessert l'étage. À mi-hauteur, un vitrail finement travaillé aux couleurs éclatantes, œuvre de Louis Balmet, s'élève jusqu'au plafond. Les salons d'apparat au rez-de-chaussée présentent des décors hétéroclites rappelant différentes époques, ce qui donne l'impression étrange de voyager dans le temps au fil de la visite.

Charles Borel ne profita malheureusement pas longtemps de sa demeure, puisqu'il mourut peu de temps après la fin des travaux. Sa veuve vendit la propriété à la mairie en 1937 ; le château hébergea une école et la mairie de Saint-Égrève, dont elle est toujours le siège actuellement. Une extension de style moderne a été ajoutée dans les années 90 afin d'accueillir les services municipaux sans dénaturer le bâtiment d'origine. Les salons sont accessibles lors des différentes expositions qui s'y déroulent et les autres pièces peuvent être découvertes à l'occasion d'une visite guidée.

Adresse 36 avenue du Général-de-Gaulle, 38120 Saint-Égrève | Transports en commun Tram E, arrêt Hôtel-de-Ville | Horaires d'ouverture Les horaires d'ouverture de l'hôtel de ville sont disponibles sur www.saint-egreve.fr. Les visites guidées sont à réserver sur www.grenoble-tourisme.com | À savoir Lors de la visite, profitez-en pour découvrir le parc Marius Camet, où le marché de producteurs (agriculture biologique ou raisonnée) se tient tous les jeudis soir de 16 h à 19 h.

# 72 La maison Bergès

*Berceau de l'énergie hydraulique*

Située à Villard-Bonnot, cette demeure fut celle d'Aristide Bergès, le célèbre inventeur de la houille blanche. Après avoir passé son diplôme à l'École centrale de Paris en 1852, celui-ci fabriqua une première râperie permettant de produire de la pâte à papier à partir de bois. Il s'installa sur le site de Lancey afin de profiter de l'énergie hydraulique au moyen d'une conduite d'eau forcée mettant en action une turbine. Une papeterie vint rapidement compléter l'usine et les besoins en énergie augmentèrent. Aristide Bergès n'hésita pas à utiliser le lac du Crozet en y installant un barrage en 1885 afin de capter les eaux pour ses conduites. Grâce aux différentes conduites installées au fil des ans, l'usine parvint à produire 100 000 tonnes de papier par an et prit le nom de Papeteries de France.

Fin communicant, Bergès profita de l'Exposition universelle de Paris en 1889 pour démocratiser l'expression de « la houille blanche », qui désigne l'utilisation de l'énergie hydraulique pour produire de l'électricité. Les turbines utilisées dans les installations furent conçues par Bergès lui-même et étaient les premières du genre en Europe. Il fit appel à l'entreprise Neyret-Brenier pour leur fabrication.

La maison Bergès héberge aujourd'hui un musée présentant l'histoire de l'énergie hydroélectrique dans la région ainsi que les différentes techniques employées alors, grâce aux archives de la famille et de l'entreprise. Mais ce n'est pas son seul intérêt : en effet, l'architecture de la villa, dans un style Art déco très bien conservé, est tout à fait remarquable. Une exposition permet également de découvrir la famille Bergès, les talents variés de ses membres et leurs amis célèbres, comme l'artiste Mucha. Le jardin fait lui aussi partie de la visite, puisque de nombreuses turbines et autres éléments provenant de l'usine y sont présentés. D'ailleurs, les bâtiments de l'ancienne papeterie continuent de surplomber la maison, même s'ils sont fermés depuis l'arrêt de la production en 2008.

**Adresse** 40 avenue des Papeteries-Lancey, 38190 Villard-Bonnot | **Accès** Depuis Grenoble, prenez l'A41 en direction de Saint-Ismier. Prenez la sortie 24.1 jusqu'à Villard-Bonnot | **Horaires d'ouverture** Du mercredi au vendredi de 13 h à 18 h, le samedi et le dimanche de 10 h à 18 h (du 1er novembre au 31 mars fermeture à 17 h 30) | **À savoir** À 3 kilomètres se trouve un autre musée, le musée de la Combe de Lancey, présentant la vie des habitants de la région avec une exposition de 1 300 objets (sur réservation uniquement sur musees.le-gresivaudan.fr).

# 73 Le mémorial des troupes de montagne

*Devoir de mémoire*

Lieu emblématique de Grenoble, le fort de la Bastille et son téléphérique sont souvent cités comme l'attraction phare de la capitale des Alpes. Cependant, le site accueille également un monument discret. Le mémorial des troupes de montagne au sommet du mont Jalla, inauguré en 2000, rend hommage aux soldats disparus dans les différents conflits où sont intervenues ces troupes. La marche débute sur un large sentier bien balisé. Il serpente sur les pentes de la Chartreuse pendant près de 30 minutes, offrant des points de vue impressionnants sur la vallée du Grésivaudan. Le dénivelé d'environ 200 mètres rend le parcours accessible au plus grand nombre en toute saison s'il n'y a pas de neige. La récompense arrive au sommet, avec une vue à presque 360 degrés sur la cuvette. Le lieu dégage une atmosphère paisible malgré le poids des souvenirs de conflits militaires.

Les troupes de montagne ont été créées à la fin du XIX^e^ siècle pour contrer leurs homologues italiennes. Elles étaient entraînées au combat en terrain montagneux par tous les temps. Lorsqu'arriva le premier conflit mondial, l'Italie n'étant pas une menace, l'ensemble des troupes de montagne fut dépêché sur les différents fronts en France. Leur efficacité leur valut d'être déplacées chaque fois qu'une force supplémentaire était nécessaire. C'est dans les Vosges contre des Allemands que se joua leur destin : l'adversaire y fit usage de lance-flammes pour la première fois. Le courage dont firent preuve les combattants français leur fit gagner le surnom de *schwarze Teufel*, « diables noirs » en allemand, devenu les « diables bleus » en français, en référence à la couleur de leur tenue. Ces troupes, aujourd'hui intégrées dans la 27^e^ brigade d'infanterie de montagne, participent aux différentes interventions extérieures menées par la France, souvent en zone difficile.

Adresse Fort de la Bastille, 38000 Grenoble | Transports en commun Téléphérique de la Bastille ou monter à pied depuis le centre-ville via l'un des sentiers de marche menant à la Bastille | À savoir Le conflit dans les Vosges vit aussi apparaître d'autres héros plus méconnus : des chiens de traîneau ! D'importantes chutes de neige empêchant l'approvisionnement des soldats, deux officiers proposèrent d'aller chercher des bêtes de l'autre côté de l'Atlantique. Commença alors une épopée qui conduisit les chiens américains jusqu'au front français, où ils s'illustrèrent par leur bravoure. Certains furent même décorés à la fin du conflit, qui coûta la vie à près de la moitié d'entre eux.

# 74_Minatec

*Au cœur de l'innovation*

Situé sur la presqu'île de Grenoble, Minatec est un campus consacré à l'innovation et spécialisé dans les micro et nanotechnologies, regroupant des organismes de formation, de recherche et des acteurs industriels. Le projet a été initié à la fin des années 90 pour voir finalement le jour en 2006. Ainsi, le campus compte aujourd'hui 13 000 mètres carrés de salles blanches et 20 700 mètres carrés de laboratoires pour 3 000 chercheurs et 600 industriels. Minatec constitue un complexe unique en Europe et a réussi à se forger une réputation internationale.

Cette organisation permet ainsi une meilleure collaboration entre les laboratoires de différentes spécialités, comme ceux du CEA, les industriels et les organismes de recherche fondamentale. Les infrastructures sont mises en commun afin de mieux exploiter les équipements, qui tournent parfois sans interruption. Les 1 200 étudiants sont formés au plus près de l'innovation et prennent part aux projets de recherche. Au sein de Minatec, une équipe est dédiée à l'animation, la communication et la promotion du campus : elle organise chaque année plusieurs dizaines de conférences, des réunions et des séminaires, accueillant un total de 40 000 visiteurs de toutes les régions du monde.

À un niveau plus local, Minatec organise chaque semaine les Midis Minatec, de courtes conférences de 30 minutes, gratuites et ouvertes à tous pour présenter des sujets aussi divers que variés sur lesquels travaillent les équipes du campus. Ces conférences peuvent traiter de sujets tels que l'intelligence artificielle, la transition énergétique, la médecine de demain ou encore de sujets de société. Elles sont retransmises en direct sur internet et suivies d'une session de questions-réponses avec les intervenants. Les présentations se terminent par une petite collation très appréciée des participants.

**Adresse** 3 parvis Louis-Néel, 38000 Grenoble, www.minatec.org | **Transports en commun** Tram B, arrêt Cité-Internationale | **Horaires d'ouverture** Les midis Minatec ont lieu tous les vendredis à 12 h 30 sur inscription sur le site | **À savoir** GIANT, le nouveau campus dont fait aussi partie le Minatec, est un projet encore plus ambitieux permettant de réunir davantage d'acteurs et d'élargir le périmètre d'innovation aux énergies nouvelles et à la santé. Chaque année, GIANT organise avec ses partenaires le Parvis des Sciences, l'occasion d'accueillir les visiteurs dans les locaux de recherche (parvis-des-sciences.com).

# 75_La Mine Image

*Témoin historique des gueules noires*

L'essor du plateau matheysin est dû en grande partie aux mines d'anthracite, autrefois l'une des deux seules sources de revenus de la région avec l'agriculture. Ce minerai est le meilleur charbon au monde : il est composé de carbone à plus de 92 %, ce qui lui permet une très bonne combustion et en faisait autrefois une denrée recherchée par les industries, notamment la papeterie et la chimie.

Le charbon a été extrait dès le Moyen Âge sur le plateau, car les premiers gisements étaient facilement accessibles. Au XVIIe siècle, le seigneur Lesdiguières fit acheminer l'anthracite vers Grenoble pour la fabrication de la chaux, utilisée pour la construction des fortifications. Lors de la Révolution française, les mines devinrent propriété de l'État, mais leur gestion resta anarchique jusqu'à ce que Napoléon concède les exploitations à des professionnels. Ce n'est qu'au cours du XIXe siècle, avec la révolution industrielle, que l'extraction s'intensifia grâce à l'arrivée du chemin de fer et notamment du train de La Mure (voir chap. 86). Ce dernier emportait le charbon jusqu'à Saint-Georges-de-Commiers, où il était transbordé dans des trains en direction du reste de la France.

La visite du musée Mine Image commence par la projection d'un documentaire d'une vingtaine de minutes composé de deux parties : la première explique de façon très pédagogique la formation du charbon dans nos montagnes et la seconde, tournée dans le dernier puits en activité, suit les mineurs dans leur journée pour mieux comprendre leur métier. La visite se poursuit avec un guide à travers le musée jusqu'au moment le plus attendu par les visiteurs : la descente dans une authentique mine d'anthracite. Ce parcours d'environ 250 mètres permet de découvrir un environnement de travail particulièrement rude et les outils utilisés pour l'extraction au cours des différentes périodes d'exploitation de la mine. La fin de la visite permet de déambuler librement pour découvrir les riches expositions.

**Adresse** Route des 4-Galeries, 38770 La Motte-d'Aveillans, www.mine-image.com | **Accès** Depuis Grenoble, prenez l'A480, la N85 et la D113 jusqu'à La Motte-d'Aveillans | **Horaires d'ouverture** Variables selon la saison, consultez le site internet, visites à réserver au 04 76 30 68 74 | **À savoir** Le projet du musée a été initié par un groupe de passionnés et d'anciens mineurs réunis au sein d'une association. Il a vu le jour après plusieurs années de travail et de recherches, en 1995, soit 2 ans avant la fermeture définitive des mines.

# 76 Le monastère de Sainte-Marie-d'en-Haut

*Couvent avec vue*

Juché sur les pentes de la Chartreuse, un ancien couvent domine la ville de Grenoble à l'abri de l'agitation urbaine. Datant du XVII$^{e}$ siècle, cet imposant monastère est né de l'initiative d'une veuve, Jeanne de Chantal, qui créa l'ordre de la Visitation de Sainte-Marie avec le prêtre François de Sales au début du XVII$^{e}$ siècle. Pas moins de 74 monastères furent construits sous la supervision de la future sainte, canonisée en 1767.

Les sœurs de la Visitation accueillaient des jeunes filles de bonne famille qui venaient prendre le voile et vivaient cloîtrées en suivant un cadre de vie très strict. Au XVIII$^{e}$ siècle, le couvent hébergeait 70 nonnes. Après la Révolution, l'ordre fut dissous et les sœurs chassées. Comme tous les édifices religieux, le monastère devint propriété de l'État et servit même de prison pour personnes « notoirement suspectes » d'être antirévolutionnaires. Une école de jeunes filles vit le jour dans ces murs au début du XIX$^{e}$ siècle sous la houlette de quelques religieuses, qui y accueillaient quelque 250 élèves. Après une fermeture d'une vingtaine d'années, des travaux de rénovation furent entrepris afin d'offrir une école aux jeunes filles aisées dirigée par l'ordre des Ursulines. Celles-ci se virent à leur tour expulsées lors de la séparation de l'Église et de l'État, et le couvent fut à nouveau abandonné. Il hébergea tour à tour des soldats (jusqu'en 1920), puis des immigrés italiens défavorisés et même des résistants pendant la Seconde Guerre mondiale. Ce n'est qu'en 1970 que le Musée dauphinois y a ouvert ses portes après de très longs travaux.

Ce musée propose chaque année deux à trois expositions sur des thèmes en lien avec l'archéologie, le patrimoine régional, rural ou industriel. Une entrée au Musée dauphinois permet également de visiter la chapelle baroque, avec ses riches décors religieux du XVII$^{e}$ siècle, et les jardins du monastère.

Adresse 30 rue Maurice-Gignoux, 38000 Grenoble | Transports en commun Tram A/B, arrêt Victor-Hugo et finir à pied ou ligne Flexo n° 40 (sur réservation) | Horaires d'ouverture Tous les jours sauf le mardi de 10 h à 18 h (19 h le week-end) | À savoir L'Union de quartier Saint-Laurent organise des brocantes sur les quais de l'Isère tout proches, le deuxième dimanche des mois de mars, juin, octobre et décembre.

# 77 Le musée-bibliothèque

*Un édifice aux multiples facettes*

Faisant face à la place de Verdun, l'ancien musée de Peinture, qui porte sur sa façade trois muses représentant la peinture, l'architecture et la sculpture, est assez mal connu des Grenoblois, car il est légèrement excentré et ne dispose pas de collections permanentes. Le musée est aujourd'hui divisé en deux parties principales : d'une part, un espace d'exposition occupé par la Ville de Grenoble, appelé la Plateforme, pour informer le public des différents projets urbains et architecturaux en développement; et d'autre part, l'ancienne salle qui abritait autrefois la bibliothèque, où sont toujours visibles les magnifiques rayonnages en bois s'élevant jusqu'au plafond, lui-même richement décoré de fresques et de coupoles lumineuses. Cette dernière accueille désormais différentes expositions temporaires. Le vestibule, également richement décoré du sol au plafond, mène à un escalier desservant trois salles à l'étage, aujourd'hui inoccupées.

Il fallut longtemps pour que cet édifice voie le jour. Dans les années 1800, la bibliothèque de Grenoble ainsi que le musée étaient installés dans une partie de l'École centrale (aujourd'hui le lycée Stendhal) dont ils grignotaient les salles au fur et à mesure que leurs collections s'étoffaient, au grand dam du proviseur du lycée. Ce n'est qu'en 1860, à la suite de la visite de Napoléon III à Grenoble, que la Ville obtint enfin les fonds pour construire un lieu dédié à la culture.

Les travaux commencèrent peu de temps après, mais furent ralentis par de multiples problèmes : instabilité du terrain nécessitant l'installation de pieux, accidents tragiques, retards répétés. On découvrit d'ailleurs en 1946 les malfaçons déjà suspectées par l'architecte de l'époque, qui nécessitèrent la restauration des pieux supportant l'ensemble pour sauver le bâtiment. Le chantier se termina en 1872 et, près de 100 ans après leur création, le musée et la bibliothèque purent déménager. Les deux entités quittèrent ces murs respectivement en 1970 et 1993.

Adresse Ancien musée de Peinture, place de Verdun, 38000 Grenoble | Transports en commun Tram A, arrêt Verdun-Préfecture | Horaires d'ouverture Du mercredi au samedi de 13 h à 18 h | À savoir Les salles habituellement fermées au public font l'objet de visites guidées lors des Journées du patrimoine. Certaines parties du musée sont aujourd'hui très dégradées, dans l'attente d'un financement pour leur restauration.

# 78 Le musée Hébert

*Dans les pas d'un artiste du XIX^e^ siècle*

Le musée Hébert est installé dans la maison de l'artiste, qu'il occupa jusqu'à la fin de sa vie. La demeure, qui date du XVII^e^ siècle, avait été acquise en 1821 par sa mère, Amélie Hébert, grâce à son héritage personnel. Elle faisait partie d'un vaste domaine agricole appartenant à Noël Charles Berton. La propriété comprenait une maison de maître, une orangerie (aujourd'hui le musée), un jardin de plaisance à l'avant et un jardin fruitier à l'arrière. Même si le bâtiment a été remodelé depuis, des éléments datant de l'origine de l'édifice subsistent tels que l'escalier de pierre à vis, les plafonds à la française ou encore certaines portions de fresques.

La visite du musée permet de découvrir le quotidien d'Ernest Hébert au début du XX^e^ siècle : le salon a été réaménagé dans son état d'origine à la mort du peintre et la cuisine est présentée telle qu'Amélie l'a connue, avec ses tomettes rouges fabriquées dans la rue d'à côté, à La Tronche. Le parcours passe également par le cabinet de curiosité du peintre, par son atelier au premier étage ainsi que par un salon regroupant certaines de ses œuvres emblématiques. De plus, le musée expose régulièrement des artistes contemporains.

Ernest Hébert est né à La Tronche en 1817 : après ses premiers cours de dessins à Grenoble, il se rendit à Paris pour ses études d'avocat et s'inscrivit aux Beaux-Arts. Lauréat du Grand Prix de Rome de peinture historique, il partit se former à la Villa Médicis à Rome. À son retour dans la capitale, il présenta son œuvre *La Mal'Aria* au Salon : ce fut un franc succès. Il devint alors le peintre attitré de la haute société parisienne. Fait exceptionnel, il fut nommé deux fois directeur de la Villa Médicis. Son style est marqué par ses interprétations des visages féminins qui ont fait sa renommée : se voulant fidèles à la réalité, les sujets ont un regard qui semble transpercer le spectateur.

Adresse Chemin Hébert, 38700 La Tronche | Transports en commun Tram B, arrêt La Tronche-Hôpital | Horaires d'ouverture Tous les jours sauf le mardi de 10 h à 18 h (19 h en été) | À savoir L'immense parc de la propriété est librement accessible pendant les horaires d'ouverture du musée.

# 79_L'observatoire

*La tête dans les étoiles*

Qui n'a pas rêvé un jour de pouvoir observer les étoiles en détail et d'être capable de reconnaître les différentes constellations ? L'astronomie est un très vaste domaine qui passionne de plus en plus de monde.

Grenoble a la chance d'accueillir sur son campus un institut de planétologie et d'astrophysique, l'IPAG, entité mixte entre le CNRS et l'université de Grenoble. Ses différents travaux de recherche portent sur des domaines tels que le système solaire, l'univers lointain, les météorites ou encore l'instrumentation de pointe. Ses missions scientifiques l'amènent à travailler avec l'Agence spatiale européenne, le commissariat à l'énergie atomique et aux énergies alternatives ou le Centre national d'études spatiales, mais également avec des entreprises privées du domaine de l'imagerie ou de l'aéronautique.

Outre ses missions scientifiques, l'IPAG organise également des animations ouvertes au grand public afin de diffuser ces savoirs souvent difficilement accessibles aux profanes. Parmi celles-ci, les soirées d'observation du ciel ont un grand succès. Proposée uniquement pendant la période hivernale, qui permet une observation du ciel nocturne à une heure relativement précoce, cette activité est menée par des doctorants de l'institut. La soirée débute par une courte introduction à l'observation des astres, puis le groupe est séparé en deux pour pouvoir tenir dans la petite coupole accueillant le télescope. Ce dernier, équipé d'un miroir de 40 centimètres, est utilisé par les étudiants pour leurs travaux pratiques. L'observation démarre par la Lune, l'astre le plus facile à trouver dans le ciel, puis suivent la planète Uranus, la nébuleuse d'Orion et les Pléiades. La seconde partie se passe dans une salle de cours : les participants sont invités à poser toutes leurs questions et une deuxième observation, cette fois à l'œil nu, se déroule sur le balcon pour apprendre à reconnaître les constellations ou parfois… les satellites en orbite !

**Adresse** Institut de planétologie et d'astrophysique de Grenoble, 414 rue de la Piscine, 38400 Saint-Martin-d'Hères | **Transports en commun** Tram B/C, arrêt Gabriel-Fauré | **Horaires d'ouverture** Visites uniquement sur inscription sur le site www.osug.fr | **À savoir** L'OSUG propose d'autres animations à destination du grand public : le sentier Planétaire, l'espace muséographique ou encore le jardin du Lautaret, abritant des espèces de plantes des montagnes du monde entier.

# 80_Les Ombrages

*Découverte des hiéroglyphes à la maison Champollion*

Champollion est un nom intimement lié à la ville de Grenoble : c'est celui de deux frères illustres, Jean-François (le cadet) et Jacques-Joseph (l'aîné), dont la belle-famille possédait cette maison aujourd'hui transformée en musée. C'est ici que le futur égyptologue rejoignit son grand frère à l'âge de 12 ans pour étudier à l'École centrale de Grenoble. Guidé par Jacques-Joseph, dont il était très proche, Jean-François s'initia à l'archéologie, mais également aux langues orientales, comme l'arabe et l'hébreu. Il poursuivit ses études à Paris, au Collège de France, avant de revenir à Grenoble pour devenir professeur d'université… à seulement 18 ans ! En parallèle, il continua le travail de déchiffrement des hiéroglyphes entamé durant ses études, qui portait notamment sur la pierre de Rosette. Il parvint à décrypter certains noms propres en 1822, signant la naissance d'une nouvelle discipline : l'égyptologie. Quelques années plus tard, Jean-François eut l'occasion de réaliser son rêve d'enfant en s'engageant pour une expédition scientifique en Égypte, dont il ramena certaines des pièces exposées dans le musée actuel.

Le tout récent musée Champollion a été installé dans la maison « Les Ombrages », ayant appartenu autrefois à la femme de Jacques-Joseph Champollion, Zoé Berriat. Cette maison de maître est agrémentée de meubles d'époque et dispose d'un parc arboré qui se visite aussi. On y retrouve même la bibliothèque des frères Champollion et, en ouvrant l'œil, des inscriptions de hiéroglyphes sur la poutre de la chambre du jeune Jean-François.

La collection du musée permet de découvrir en format numérique les différents volumes de la *Description de l'Égypte,* réalisée au retour de la première expédition de Napoléon par une équipe d'érudits dont faisait partie Jacques-Joseph Champollion. La collection, enrichie de quelque 80 œuvres venant du musée du Louvre, permet une véritable immersion dans l'histoire de l'Égypte ancienne et la découverte de ses mystères.

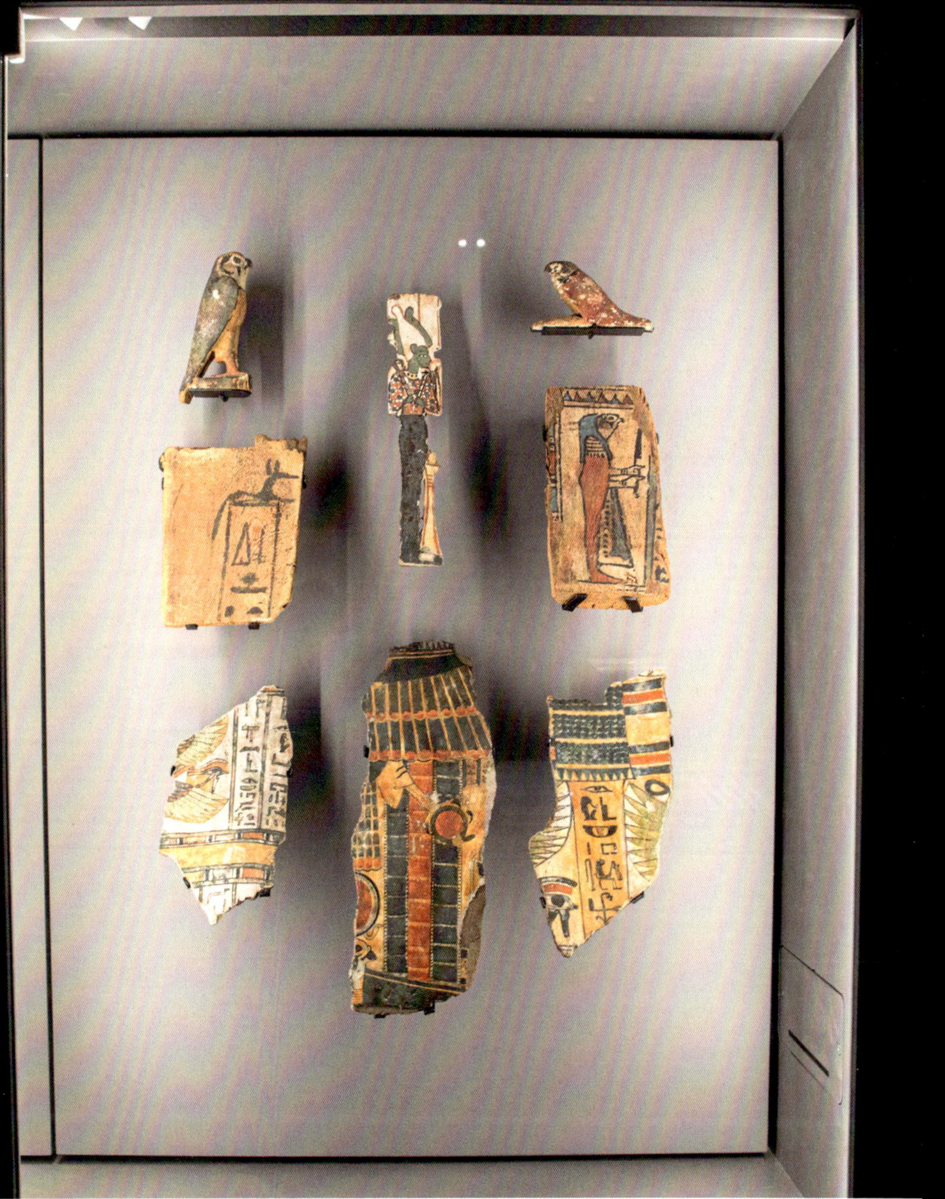

Adresse 45 rue Champollion, 38450 Vif | Accès Depuis Grenoble, prenez l'A51 en direction de Varces-Allières-et-Risset. Prenez la sortie 12 et rejoignez la D1075 jusqu'à Vif | Horaires d'ouverture Du mardi au dimanche de 10 h à 12 h 30 et de 13 h 30 à 18 h (fermeture à 17 h du 1er novembre au 31 mars) | À savoir Le musée propose également des expositions temporaires de grande qualité en lien avec l'Égypte ancienne. Un parcours piéton dans la ville de Vif permet aux visiteurs de découvrir les lieux en rapport avec les Champollion.

# 81_Oréade

*Se ressourcer au cœur des montagnes*

Niché en plein cœur du massif de la Chartreuse, le centre de balnéo Oréade propose sept bains nordiques en plein air répartis sur différentes terrasses accrochées sur les pentes de la montagne. En se glissant dans le bain chaud, impossible de ne pas s'émerveiller devant la vue sur les sommets qui s'offre à nous, le tout dans un calme relaxant.

Pierre, ancien nageur de compétition et passionné par les activités aquatiques, a longtemps rêvé de créer une activité en lien avec cet univers. Propriétaire d'un petit gîte, il y installa dans un premier temps un bain nordique, qui attira vite de plus en plus de clients venus parfois de loin pour profiter de ce moment de détente. Il comprit alors qu'il y avait là une réelle demande et décida de se lancer dans l'aventure de la thalasso. Une fois l'emplacement trouvé au cœur du village de Saint-Pierre-de-Chartreuse, il lança son centre thermal en 2012, commençant petit avec deux bains pour s'agrandir progressivement et diversifier ses services. Aujourd'hui, le centre compte un sauna en plus de ses sept bains nordiques, ainsi qu'un restaurant pour une pause gourmande avant ou après la baignade. Le lieu propose également des massages et des soins esthétiques avec des produits locaux.

Les bains sont réalisés de la même façon que les bains traditionnels des pays nordiques : ils sont constitués d'un tonneau en bois de cèdre, le tout cerclé d'anneaux en métal. Des petits bancs permettent de s'asseoir à l'intérieur, chaque cuve étant prévue pour accueillir au moins quatre personnes. L'eau, légèrement parfumée par le bois, est constamment maintenue à une chaleur de 37 degrés grâce à une chaudière à granulés. Le sauna est quant à lui toujours chauffé avec du bois provenant de la région. Après les bains, un passage par la yourte de repos, où se trouvent un espace tisanerie et des fauteuils relaxants, permet de faire la transition en douceur avec le monde extérieur.

**Adresse** Route de Perquelin, 38380 Saint-Pierre-de-Chartreuse, www.oreade-balneo-restaurant.fr | **Accès** Depuis Grenoble, prenez la D57 et la D512 en direction de Saint-Pierre-de-Chartreuse | **Horaires d'ouverture** Tous les jours de la semaine en hiver, réservations sur le site | **À savoir** Le magasin d'usine voisin, Raidlight, vend du matériel de trail et sert également de base de départ pour 32 parcours balisés dans la Chartreuse.

# 82 Le palais de Justice

*Transparence et droiture*

Le majestueux édifice de la place Saint-André a abrité le Parlement dauphinois dès sa construction au XVI$^{e}$ siècle puis, après la Révolution française, le palais de Justice qui est parvenu jusqu'à nous. Alors que le bâtiment était très délabré, d'importants travaux d'agrandissement ont été entrepris au cours du XIX$^{e}$ siècle, menés par des architectes reconnus : d'abord Riondel père et fils, architectes départementaux, puis Honoré Daumet, Grand Prix de Rome. Ces agrandissements ont notamment permis la création d'une salle des assises, de cellules ou encore de la bibliothèque de la cour d'appel. Les fonctions judiciaires ont été assurées pendant près de 200 ans entre ces murs avant que les locaux ne soient à nouveau jugés trop étroits. Le bâtiment, à nouveau en travaux, accueillera le musée de la Résistance et de la déportation en 2024.

Dans le cadre du programme d'équipements lancé par le ministère de la Justice dans les années 90 pour renouveler son image et moderniser son patrimoine, la construction d'un nouveau bâtiment fut décidée. C'est l'architecte Claude Vasconi, notamment connu pour le Corum de Montpellier et le Forum des Halles de Paris, qui remporta le concours grâce à son projet ambitieux.

Situé dans le quartier Europole de Grenoble, juste derrière la gare, ce nouveau palais de Justice est entièrement vitré pour représenter la « transparence de la justice ». L'édifice, impressionnant par son style, l'est aussi par ses dimensions : installé sur une parcelle d'environ 7 000 mètres carrés, il a une forme de triangle isocèle parfait, autre rappel de sa fonction. L'immense salle des Pas perdus, au sol de granit, dessert les 20 salles d'audience. En raison de l'humidité du sol, il a fallu plus de 1 000 pieux pour stabiliser l'ensemble. Il est aujourd'hui le seul bâtiment de France à réunir toutes les juridictions sous un même toit – cour d'appel, tribunal judiciaire, tribunal de commerce et conseil des prud'hommes.

Adresse Place Firmin-Gautier, 38000 Grenoble | Transports en commun Tram B, arrêt Palais-de-Justice-Gare | Horaires d'ouverture Du lundi au vendredi de 8 h 30 à 16 h 30 | À savoir La visite du palais de Justice et des audiences publiques est ouverte à tous. L'accès au bâtiment se fait via un portique de sécurité.

# 83 La Palmeraie des Alpes

*Un peu du sud au pied des montagnes*

Si en entrant à Grenoble, les nouveaux arrivants s'attendent à voir des montagnes, de la neige, des vélos, Renaud de Looze, arrivé de sa Belgique natale, s'attendait à y trouver… des palmiers ! La ville se situant « au sud », c'est la végétation qu'il s'imaginait.

Après avoir travaillé quelques années dans l'industrie locale, il décida de créer une palmeraie avec son épouse après avoir constaté que certains spécimens poussaient bien à Saint-Martin-d'Hères. Il prit le temps de se renseigner sur les plantes du Sud (le vrai, cette fois) pouvant supporter notre climat et ouvrit son entreprise dans le Grésivaudan. Les premières années apportèrent leur lot de mauvaises surprises : l'étude menée omettait un détail important, à savoir le taux de perte pour chaque espèce, et certains hivers furent particulièrement rigoureux, mettant à mal les jeunes plantes. Mais à force de persévérance, les résultats furent au rendez-vous : il n'est pas rare aujourd'hui de croiser les palmiers des Alpes à travers tout le bassin grenoblois. Après tout, même sur leur terre d'origine en Afrique du Nord, les palmiers doivent s'accommoder d'importants écarts de température. Et avec le réchauffement climatique, les hivers rigoureux sont devenus quasiment inexistants en plaine.

La palmeraie de Renaud et Marie-Angèle se situe sur les hauteurs de Saint-Nazaire-les-Eymes, offrant une vue unique dans la région, la montagne entourée de palmiers ! L'été, même les cigales – probablement arrivées avec les arbres – sont au rendez-vous. La pépinière offre un grand choix de plantes méditerranéennes telles que des oliviers, des yuccas et toutes sortes de fleurs et d'arbustes. L'entreprise ayant à cœur de préserver les ressources naturelles, l'arrosage a été pensé pour être raisonné : l'eau de pluie récupérée via la toiture du bâtiment sert à arroser les plantes grâce à un ingénieux système de capillarité créé par un tapis de pierres de lave. Ainsi, de septembre à mai, l'eau de pluie couvre 100 % des besoins en arrosage.

**Adresse** Route départementale 1090, chemin Chalendrier, 38330 Saint-Nazaire-les-Eymes, www.palmeraiedesalpes.com | **Accès** Depuis Grenoble, prenez l'A41 en direction de Saint-Ismier. Prenez la sortie 24.1 et continuez sur la D30 et la D1090 jusqu'à Saint-Nazaire-les-Eymes | **Horaires d'ouverture** Du mardi au samedi de 10 h à 13 h et de 14 h à 18 h, le dimanche de 10 h à 13 h. Ouverte certains lundis, à consulter sur le site | **À savoir** Renaud est également l'auteur d'un livre sur un sujet peu commun : *L'urine, de l'or liquide au jardin.* Les produits chimiques utilisés pour fertiliser nos plantes contiennent de l'azote, mais on sait moins que cet engrais peut être trouvé gratuitement dans… l'urine !

# 84 Les passerelles himalayennes du Monteynard

*Comme un air de calanques*

Le lac Monteynard, aux portes du Trièves et à une trentaine de minutes de Grenoble seulement, est un lac artificiel né en 1962 avec la construction du barrage-usine électrique sur le cours du Drac. Lors de son inauguration, le barrage Monteynard-Avignonet était le deuxième plus grand barrage du pays après celui de Serre-Ponçon. Il reste aujourd'hui l'un des plus grands aménagements hydroélectriques et peut délivrer sur le réseau une puissance de 350 mégawatts. Connu pour son incroyable couleur turquoise, le lac ne propose pas moins de 18 kilomètres navigables, ce qui en fait le paradis des activités nautiques en tout genre.

Le lac est aujourd'hui une attraction touristique majeure de la région, avec tout un attirail d'activités, dont de nombreuses balades. Les passerelles himalayennes du Drac et de l'Ébron ont été inaugurées en 2007 et permettent d'en faire le tour quasi complet à pied ou en VTT par le grand itinéraire de 13 kilomètres, couplé à une petite traversée en bateau. Un deuxième itinéraire, plus court et plus accessible, mène à la passerelle de l'Ébron : en partant du parking des Vignes, il suffit de suivre les indications. Deux chemins d'environ 3 kilomètres sont proposés : un dans la forêt – à l'ombre, mais plus sportif –, et l'autre sur un chemin paysan accessible aux vélos et poussettes. Les deux passages permettent de se promener en profitant de quelques vues panoramiques sur le lac, en passant sous la forêt de pins ou à travers champs. Les paysages offerts par le lac font inévitablement penser aux calanques de Marseille à cause de la couleur des eaux, mais aussi des petites criques situées le long du chemin forestier. En fin de parcours se trouve la passerelle de l'Ébron, impressionnante avec ses 85 mètres de hauteur et ses 180 mètres de long. La traversée offre des sensations fortes garanties ! Le retour se fait par le même itinéraire.

**Adresse** Parking des Vignes, D110E, 38650 Treffort | **Accès** Depuis Grenoble, prenez l'A51 en direction de Sinard. Prenez la sortie 13 et continuez sur la D110 jusqu'à Treffort | **À savoir** Pour réaliser le tour complet, il est conseillé de commencer par la traversée en bateau et de faire le reste de l'itinéraire à son rythme. Côté Treffort, ne ratez pas le château d'Herbelon, du XVII$^{e}$ siècle, transformé en hôtel-restaurant et sauvé de peu à la construction du barrage.

# 85 Le petit jardin du musée

*Une oasis de calme en centre-ville*

Tout Grenoblois connaît la remarquable cathédrale Notre-Dame, ensemble religieux datant du XIIIe siècle plusieurs fois remanié depuis, et l'ancien palais épiscopal datant de la même époque, résidence des 48 évêques qui se succédèrent à Grenoble. Il abrite aujourd'hui le musée de l'Ancien Évêché. Mais qui a remarqué l'existence de ce petit jardin situé à l'arrière du musée, coincé entre l'église Saint-Hugues et la rue du Fer-à-Cheval ?

L'existence de ce jardin remonte en réalité au XVIIIe siècle, lorsque Jean de Cairol de Madaillan (évêque de 1771 à 1779) en ordonna l'aménagement. Il n'avait cependant pas exactement la même forme qu'aujourd'hui, puisqu'il a subi de nombreuses altérations au fil du temps. À l'époque, le jardin comportait des alignements d'arbres et deux parterres, mais sa surface se vit peu à peu réduite au fur et à mesure que les édifices voisins s'agrandirent. Au début du XXe siècle, il ne restait qu'une petite portion du jardin actuel, le reste étant accaparé de constructions diverses. Il s'agissait alors d'un petit jardin d'agrément avec quelques tilleuls et une roseraie.

C'est lors de la dernière campagne de fouilles archéologiques autour du musée en 2012 que se décida son réaménagement. Afin de lui redonner sa surface initiale, une des deux sacristies et un bâtiment administratif du XXe siècle furent détruits. Le projet a également permis de mettre en valeur des éléments historiques importants : les remparts romains et médiévaux, sur lesquels s'appuie la cathédrale, ont été relevés au-dessus du sol pour être à nouveau visibles. Les ajouts modernes ont simplement été réalisés en béton désactivé pour se démarquer de la partie historique. Le petit parc offre une vue sur une autre curiosité : au-dessus du chœur de la cathédrale et des remparts se trouve un chemin de ronde créé en 1374 par l'évêque de Grenoble Rodolphe de Chissé comme élément défensif, mais également comme symbole de son pouvoir.

**Adresse** Musée de l'Ancien Évêché, 2 rue Très-Cloîtres, 38000 Grenoble | **Transports en commun** Tram B, arrêt Notre-Dame-Musée | **Horaires d'ouverture** Le lundi, le mardi, le jeudi et le vendredi de 9 h 30 à 17 h 30, le mercredi de 13 h 30 à 17 h 30, le samedi et le dimanche de 11 h 30 à 17 h 30 (de fin octobre à fin mars fermeture à 17 h) | **À savoir** Tout près se trouve le théâtre Sainte-Marie-d'en-Bas, installé dans un ancien couvent. Si l'intérieur a été entièrement réaménagé, le bâtiment a cependant conservé sa belle façade (38 rue Très-Cloîtres, 38000 Grenoble).

# 86 Le petit train de La Mure

*Le train des cimes*

Ce petit train rouge existe depuis plus de 130 ans et fait partie des plus beaux du pays. La ligne a été créée au XIXe siècle afin de transporter le charbon extrait des mines du plateau matheysin sur le tronçon Saint-Georges-de-Commiers – La Mure. Elle permettait d'acheminer rapidement des tonnes de minerais par le rail, évitant ainsi les routes de montagne très dangereuses à l'époque. D'ailleurs, son succès fut tel qu'elle fut prolongée au début du XXe siècle vers Corps et Valbonnais.

Cette voie était une véritable prouesse technique : sur 30 kilomètres, pas moins de 142 ouvrages d'art (des tunnels et des viaducs) ont été créés pour permettre aux trains de franchir les 700 mètres de dénivelé. Mais victimes de leur succès, les engins arrivèrent à saturation, les 17 allers-retours quotidiens ne suffisant plus à transporter tout le matériel. On eut alors l'idée d'électrifier la ligne afin d'augmenter la capacité de traction des locomotives : grâce à l'hydroélectricité produite sur place, un courant continu à haute tension alimentait le train, une première mondiale.

Le train de La Mure a poursuivi son activité industrielle jusqu'en 1952, puis a été transformé en train touristique dans les années 90. Malheureusement, un éboulement majeur en 2010 l'obligea à rester à l'arrêt pendant plus d'une décennie. Après d'importants travaux, la ligne a pu reprendre du service à l'été 2021 pour le plus grand plaisir des habitants et des touristes.

Le tracé actuel permet de parcourir 15 kilomètres et de franchir trois viaducs impressionnants et cinq tunnels. Les paysages magnifiques alternent durant le trajet, passant des quartiers pavillonnaires à la forêt, puis par les massifs montagneux pour enfin déboucher sur le barrage de Monteynard-Avignonet, le terminus. À cet endroit se trouve un belvédère avec une belle vue sur le lac.

Adresse 36 boulevard Fréjus-Michon, 38350 La Mure, www.lepetittraindelamure.com | Accès Depuis Grenoble, prenez l'A480 et la N85 jusqu'à La Mure | Horaires d'ouverture Les tickets du train sont à réserver en ligne ou à acheter directement au guichet | À savoir En face de la gare de La Mure se trouve la boutique Le Train où vont les Choses, où plusieurs artisans et créateurs locaux vendent leur production. De quoi repartir avec des souvenirs « made in Matheysine-Trièves » !

# 87_Les Petites Cantines

*Comme à la maison*

Inauguré en septembre 2022, le restaurant Les Petites Cantines est le nouvel endroit où se retrouver pour cuisiner ensemble, découvrir ou redécouvrir le plaisir de préparer de bons petits plats et faire de nouvelles rencontres. Le but affiché par l'association est d'offrir un lieu de vie en accueillant des personnes issues de milieux variés, habitants du quartier, de la ville ou de son agglomération.

En effet, ici tout est réalisé par les adhérents de l'association : arrivé dès le matin, le groupe se répartit les tâches en suivant les affinités de chacun et se met aux fourneaux. Les recettes sont décidées à l'avance et les courses sont réalisées par les responsables du lieu, permettant ainsi aux restaurateurs amateurs de se concentrer sur leur tâche, sous l'œil vigilant du « maître » ou de la « maîtresse de maison ». Pour chaque atelier, un « maître » ou une « maîtresse » est désigné et se charge de coordonner l'ensemble des tâches, sans quoi le repas ne serait jamais prêt à temps !

À midi, les plats sont disposés sur la grande table accueillant tous les participants où chacun se sert, comme à la maison. Entre-temps sont arrivés les « convives », des adhérents venus partager le repas sans participer à la préparation. Ceux-ci donnent simplement un coup de main pour les derniers préparatifs avant de passer à table. Le copieux repas terminé, chacun prend part au rangement et au nettoyage de la salle.

Les Petites Cantines sont un réseau national de restaurants participatifs ayant pour but de favoriser la rencontre et le partage entre les habitants. De nombreuses cantines ont ainsi vu le jour un peu partout en France. Le concept a séduit trois Grenobloises qui, après une période de recherche de financements, ont finalement pu lancer les travaux pour reconvertir cet ancien restaurant italien du centre-ville en cuisine participative confortablement équipée. La grande salle lumineuse aux pierres apparentes ainsi que la petite terrasse permettent d'accueillir près de 50 convives lors des jours d'affluence.

**Adresse** 1 rue Marius-Gontard, 38000 Grenoble, grenoble.lespetitescantines.org | **Transports en commun** Tram B, arrêt Victor-Hugo | **Horaires d'ouverture** Du mardi au dimanche, atelier à 9 h 30 et repas à 12 h 15. Service du soir le mardi et le vendredi avec atelier à 17 h et repas à 19 h 30 | **À savoir** Il est également possible de réserver la salle et tout son matériel pour des événements privés tels que des anniversaires ou des repas de famille.

# 88 La Pharmacie des Musées

*Vocation d'un commerce*

Avant l'apparition de la médecine moderne et des pharmacies telles que nous les connaissons aujourd'hui, les apothicaires se chargeaient de la vente des plantes et remèdes. Les locaux de l'actuelle Pharmacie des Musées ont hébergé la profession depuis au moins le XVIIIe siècle, ce qui en fait la plus ancienne pharmacie de Grenoble.

À cette époque, l'immeuble fut restauré et des boiseries spécialement installées pour accueillir les produits des apothicaires. L'agencement intérieur aurait subsisté jusqu'au début du XXe siècle, mais a malheureusement en grande partie disparu aujourd'hui. La pharmacie a toutefois conservé le meuble massif en noyer de Grenoble où étaient stockées les plantes médicinales. Leur nom est encore inscrit en latin sur de petits écriteaux en façade des multiples tiroirs. Certaines façades démontées ont été réutilisées sur des meubles modernes de l'autre côté de l'espace de vente, donnant un joli cachet ancien à un meuble utilitaire.

La devanture du commerce vaut également le coup d'œil : les vitrines sont garnies de bois avec de belles arcades décoratives, qui évoquent les façades du XIXe siècle. L'entrée de l'immeuble, au coin de la rue Brocherie, comporte une belle porte d'entrée en bois de vieux noyer décoré de fines moulures datant du XVIIIe siècle. L'encadrement était jadis surmonté d'une plaque remontant à 1794 et indiquant l'ancienne numérotation de la rue. Ce dernier spécimen, dont on a la trace jusque dans les années 60, n'est, hélas, pas parvenu jusqu'à nous.

Les caves de l'immeuble possèdent un plafond voûté et l'une d'entre elles abritait un puits, peut-être bien celui d'une légende du XVIIIe siècle parlant d'un passage secret permettant de rejoindre l'autre rive de l'Isère. On aurait même proposé à deux condamnés à mort de suivre ce souterrain pour en chercher l'issue et on ne les revit jamais !

Adresse 2 rue Brocherie, 38000 Grenoble | Transports en commun Tram B, arrêt Notre-Dame-Musée | Horaires d'ouverture Le lundi de 9 h à 13 h et de 14 h à 19 h 30, du mardi au vendredi de 8 h 30 à 19 h 30, le samedi de 9 h à 13 h et de 13 h 30 à 19 h 30 | À savoir Cet immeuble se trouve au croisement de deux tronçons de l'ancienne voie romaine : un bloc de pierre fut découvert devant la demeure au XIX$^e$ siècle, laissant penser qu'un temple dédié à la divinité Maïa, déesse de la fécondité assez connue dans la région, se trouvait à cet emplacement.

# 89 La Planeterrella

*Excursion en Laponie*

Au XIXe siècle, un scientifique norvégien de génie du nom de Kristian Birkeland élabora dans son petit laboratoire un dispositif ingénieux permettant de simuler et de comprendre le phénomène des aurores boréales. Cet équipement, appelé Terrella, aurait été imaginé pour la première fois dès le XVIe siècle par William Gilbert dans le but de comprendre le phénomène du champ magnétique terrestre.

Kristian Birkeland mena trois expéditions dans le Grand Nord pour étudier ce phénomène naturel. Au cours de ses recherches sur le terrain, sa petite Terrella lui permit de faire des découvertes non seulement sur le fonctionnement du champ magnétique à l'origine des aurores boréales, mais aussi sur d'autres éléments plus lointains de notre galaxie, comme les queues de comètes ou les anneaux de Saturne. À sa mort, en 1917, la Terrella fut reléguée dans un coin de l'université d'Oslo. Pourtant, il y a quelques années, en 1995, une équipe de chercheurs norvégiens entreprit de restaurer cet équipement unique pour le remettre en fonctionnement. Par un heureux hasard, ce projet croisa la route d'un astrophysicien français, Jean Lilensten, qui décida d'y apporter sa pierre. Quelque temps plus tard, il parvint même à perfectionner l'installation et créa la Planeterrella, installée à l'université de Grenoble.

La Planeterrella est constituée d'une cloche en verre sous vide dans laquelle se trouvent deux sphères en métal alimentées en électricité, l'une représentant une étoile, l'autre représentant une planète. Avec l'injection d'un gaz approprié, il est possible de simuler le phénomène des aurores polaires. Le soleil émet des particules électriques qui se retrouvent propulsées vers la Terre lors d'activités solaires importantes. Ce sont ces particules piégées dans notre atmosphère que l'on observe lors d'une aurore boréale. La démonstration menée par Jean Lilensten s'accompagne de nombreuses explications détaillées de ce phénomène mystérieux.

**Adresse** Bâtiment OSUG-D, 122 rue de la Piscine, 38400 Saint-Martin-d'Hères | **Transports en commun** Tram B/C, arrêt Gabriel-Fauré | **Horaires d'ouverture** Les démonstrations ont lieu uniquement sur rendez-vous, à réserver sur www.osug.fr | **À savoir** Un site internet spécialement dédié à cette expérience permet d'en savoir plus sur l'installation, mais également sur les aurores boréales. Une vraie mine d'informations à parcourir sans modération sur planeterrella.osug.fr.

# 90 Le pont-barrage

*Un ouvrage bien discret*

L'énergie hydroélectrique est née au XIXe siècle dans nos contrées (voir chap. 72) et est aujourd'hui la première source d'énergie renouvelable à travers le monde. La France se situe au premier rang européen en matière de production d'hydroélectricité grâce à ses barrages. Un tel succès s'explique par le fait que l'hydroélectricité est la seule énergie renouvelable pilotable et stockable (sous forme de barrage), ce qui en fait une ressource précieuse.

Les infrastructures hydroélectriques sont divisées en deux catégories : des centrales produisant de l'électricité en continu, comme celle du barrage de Saint-Égrève, et des installations prévues pour compenser les pics de besoin en énergie survenant par exemple le soir – c'est le cas des grands barrages comme ceux du Monteynard et de Grand'Maison en Isère. La production électrique est un domaine où la production doit être strictement égale à la demande, car nous n'avons actuellement pas les moyens de stocker cette énergie en grande quantité. En Isère, EDF gère 24 barrages et 44 centrales afin d'alimenter correctement la population.

Parmi eux, le barrage de Saint-Égrève s'étend d'une rive à l'autre de l'Isère et permet d'alimenter près de 76 000 habitants. Il a été mis en service en 1991 et a la particularité d'être quasiment invisible depuis la route. Il est constitué de deux groupes de production, des modèles à bulbes immergés ayant un débit de 130 mètres cubes par seconde. Ce dispositif permet également de réguler le niveau de l'Isère qui doit toujours être égal au niveau défini pour une production optimale, mais peut être volontairement abaissé pour prévenir les crues ou pour encourager le transit sédimentaire de la rivière. Le barrage joue également un rôle de filtre : les nombreux déchets piégés dans ses grilles sont triés puis expédiés pour traitement. Ces déchets sont parfois naturels, mais beaucoup sont d'origine humaine.

Adresse Barrage EDF D105F, 38120 Saint-Égrève | Accès Depuis Grenoble, prenez la N480 et l'A48 en direction de Saint-Égrève | Horaires d'ouverture Des visites guidées sont régulièrement organisées par EDF lors d'événements tels que les Journées du patrimoine ou les Journées mondiales de l'énergie | À savoir Le barrage comporte une passe à poissons qui leur permet de remonter la rivière. Cette passe attire de nombreuses espèces d'oiseaux qui ont trouvé là un endroit stratégique pour se nourrir. L'association LPO a pu observer des oiseaux migrateurs tels que des goélands, des mouettes ou encore des cormorans, et des espèces sédentaires comme les hérons, les martins-pêcheurs ou les cygnes.

# 91 Le pont du Verderet

*Singularité architecturale*

Une des choses qui marquent les nouveaux venus à Grenoble, outre les massifs montagneux très imposants, est l'omniprésence de l'eau dans la cité. Encerclée par l'Isère et le Drac, Grenoble est marquée par ces deux géants. Pourtant, d'autres cours d'eau plus discrets viennent alimenter l'agglomération et ont contribué à façonner sa géographie au fil des siècles. C'est ainsi que l'on retrouve aujourd'hui en plein centre-ville un curieux vestige : un petit pont en galets qui n'enjambe… aucun cours d'eau ! Quelle drôle de construction ! En réalité coulait autrefois à cet emplacement un petit affluent de l'Isère appelé le Verderet.

Le ruisseau prend sa source sur la commune de Brié-et-Angonnes, traverse ensuite la commune d'Eybens d'est en ouest, avant de se diriger au nord pour rejoindre Grenoble. Là, il sillonne plusieurs quartiers, passe sous le parc Paul-Mistral et coupe le centre-ville pour rejoindre le musée de Grenoble, derrière lequel il se jette dans l'Isère. C'est d'ailleurs ce cours d'eau qui isolait à l'époque le quartier de l'Île Verte. Le Verderet, lui-même alimenté en amont par plusieurs autres ruisseaux comme le Laprat ou les Gorges du Moulin, a régulièrement débordé sur les communes qu'il traverse et a aggravé plusieurs crues de l'Isère qui ont eu de lourdes conséquences.

Puisqu'il passait dans une zone fortement peuplée, le cours d'eau a inévitablement été utilisé par les habitants pour laver le linge ou pour d'autres tâches ménagères, mais également pour évacuer les déchets, engendrant de multiples épidémies. De plus, à l'ère de l'industrialisation, de nombreux ateliers, comme les mégisseries, y déversaient leurs produits, le rendant particulièrement impropre. Ainsi, au XIXe siècle, le ruisseau a été peu à peu recouvert pour des raisons d'hygiène et finit par totalement disparaître du paysage et des mémoires grenobloises.

Adresse Rue du Pont-Saint-Jaime, 38000 Grenoble | Transports en commun Tram B, arrêt Notre-Dame-Musée | À savoir Le pont n'a en réalité pas de nom officiel, de même que la petite placette sur laquelle il se trouve. Certains écrits en font mention sous l'appellation de « place Sans-Nom » ! Notons que l'accès à cette place n'est même pas référencé sur les cartes : il faut en effet passer sous un immeuble à l'angle de la rue de Lorraine et de la rue du Pont-Saint-Jaime.

# 92 La porte de France

*De symbole du pouvoir à lieu de mémoire*

Impossible de rater ce monument en arrivant à Grenoble : la porte de France marque l'entrée de la ville depuis le nord et reste facilement visible depuis les quais. Elle fut édifiée par le fameux duc de Lesdiguières après sa prise de la cité. Pièce maîtresse du grand chantier de construction de la nouvelle enceinte grenobloise qu'il a initié, cette porte symbolise son pouvoir sur la ville et son allégeance au roi de France Louis XIII. Elle permettait ainsi d'accueillir en grande pompe les invités de marque, comme le roi lui-même, qui la franchit lors de ses deux passages à Grenoble.

L'aménagement de cette porte au niveau de l'Isère a également facilité l'accès à la ville : autrefois, l'entrée par le nord se faisait par la montée Chalemont et par la Chartreuse, ce qui imposait un grand détour. Quant à son nom, porte de France, il signifie simplement que le bâtiment permettait de se rendre du Dauphiné vers la France. La porte était l'élément le plus décoré de l'enceinte : Lesdiguières fit appel à son sculpteur préféré pour orner le monument d'armes, de faisceaux, de tambours et de drapeaux. La façade de l'édifice est entièrement habillée en pierre de taille, en l'occurrence du calcaire gris et du calcaire blanc.

Après la Première Guerre mondiale, ce lieu fut choisi pour faire office de monument aux morts, plutôt que de créer un nouveau lieu de recueillement dédié. Cette décision fut très critiquée à l'époque : sélectionné par l'armée et une partie de la droite pour son passé militaire et son histoire guerrière, le lieu ne convenait pas aux socialistes qui lui auraient préféré un monument pacifiste. Aujourd'hui, peu de gens sont conscients de cette fonction commémorative. Il faut effectivement traverser la route et pénétrer sous l'arche pour découvrir les noms gravés dans la pierre des centaines de soldats morts pour la France durant le conflit.

Adresse 2 route de Lyon, 38000 Grenoble | Transports en commun Tram E, arrêt Annie-Fratellini-Esplanade | À savoir Juste en face de la porte de France se trouve la voie verte V63 qui permet de rejoindre Valence. Le trajet longe les berges de l'Isère jusqu'à Saint-Gervais, puis emprunte de petites routes jusqu'à Pont-de-l'Isère.

# 93 La porte Saint-Laurent

*Un autre vestige défensif*

Grenoble possède une riche histoire militaire, notamment au travers de ses fortifications successives. La ville a d'abord bénéficié des fortifications romaines au IIIe siècle apr. J.-C. après avoir été déclarée capitale administrative par l'empereur Dioclétien. Ces défenses ont ensuite été modifiées plusieurs fois au Moyen Âge : une modification majeure au XIIIe siècle avec l'incorporation des quartiers du bourg de l'Île (près de l'actuel musée de Grenoble), la construction de la tour de l'Isle à la fin du XIVe siècle et plus tard, l'extension des remparts vers l'actuelle place Grenette.

Pendant les guerres de Religion, au XVIIe siècle, la ville fut prise par le duc de Lesdiguières qui commandait les troupes protestantes. Lorsqu'il fut nommé gouverneur du Dauphiné, il travailla à renforcer les défenses de la ville : en effet, qui de mieux placé que le conquérant pour en connaître les faiblesses ? C'est ainsi que furent érigées vers 1620 les fortifications dites de Lesdiguières, selon un tracé polygonal incluant la fortification de la Bastille. La porte Saint-Laurent, l'une des deux entrées sur la rive droite de l'Isère avec la porte de France, date de cette époque. Elle fut par la suite incluse dans les nouvelles fortifications du général Haxo au XIXe siècle. Fort heureusement, dans le courant du XIXe siècle, l'aménagement des quais de l'Isère dévia la circulation loin de la porte, ce qui lui évita plus tard la destruction.

La porte se dressait autrefois devant un fossé, aujourd'hui comblé, et on peut observer en son centre deux fentes toujours présentes qui servaient à loger les flèches disparues du pont-levis et les deux bretèches protégeant les portes pour les piétons. Les grands vantaux en bois datent du XIXe siècle et l'intérieur de la porte comporte encore les mâchicoulis. L'ensemble est classé au titre des moments historiques, à l'instar des fortifications de la Bastille.

Adresse Place Saint-Laurent, 38000 Grenoble | Transports en commun Tram B, arrêt Notre-Dame-Musée, puis 10 minutes à pied ; Bus 16/62, arrêt Saint-Laurent | À savoir De sa construction jusqu'en 1864, cette porte protégeait la ville pendant la nuit et restait donc fermée de 22 h à 5 h du matin ! Et jusqu'à la construction des quais, elle était un passage obligé pour rentrer dans Grenoble côté Grésivaudan.

# 94_La poudrière Vauban

*Seule trace du célèbre ingénieur militaire*

Grenoble a longtemps été une place forte qu'il fallait protéger en raison de sa position géographique stratégique face au duché de Savoie tout proche. Ses fortifications n'ont cessé d'être modifiées au cours des siècles : créées par les Romains, elles subirent ensuite une refonte importante par le seigneur de Lesdiguières après sa prise de la ville en 1590. Les fortifications ne furent plus remaniées pendant les années de paix qui suivirent et devinrent peu à peu obsolètes.

Cependant, à la suite de l'adhésion du duc de Savoie à la ligue d'Augsbourg en 1690 – qui en faisait un ennemi direct de la France –, on s'intéressa à nouveau à ces fortifications laissées à l'abandon. Dans un contexte de tensions accrues entre la Savoie et la France, le duc de Savoie et le prince Eugène réalisèrent en 1692 un raid dans le Dauphiné, assiégeant plusieurs villes et causant de nombreux dégâts. En réponse, Louis XIV envoya son célèbre ingénieur militaire Vauban inspecter les défenses de Grenoble. Ce dernier commença par les installations de la Bastille et les fortifications de la ville. À la fin de sa visite, il jugea assez durement les défenses de la ville : « Les murs en sont très faibles, bas et non terrassés, sans contreforts ni fossés, ni escarpement au pied autre que ceux que la nature y a faits. » La Bastille « n'est qu'un mauvais réduit ou plutôt un colifichet fermé contre le dehors et le dedans, mais sans art ni raison ni autre précaution qu'un très faible mur mal flanqué et non terrassé, incapable d'aucune résistance. »

Par la suite, il dressa un plan détaillé des améliorations nécessaires pour corriger la défense de la ville. Cependant, lors de sa deuxième visite en 1700, aucun chantier n'avait commencé. Ils ne démarrèrent pas plus par la suite dans un contexte de difficultés financières, et seule cette poudrière fut construite. Les plans ont néanmoins été repris au XIX^e^ siècle par le général Haxo pour les nouvelles fortifications de Grenoble.

**Adresse** 13 rue Commandant-l'Herminier, 38000 Grenoble | **Transports en commun** Tram B, arrêt Notre-Dame-Musée ; Bus 16, arrêt Hôtel-de-Police | **Horaires d'ouverture** La poudrière se trouve à l'intérieur de l'enceinte de la Cité administrative. Son accès est libre en semaine lorsque le portail de la cité est ouvert | **À savoir** La poudrière est un bâtiment rectangulaire qui permettait de stocker les tonneaux de poudre. Elle fut modifiée au XIX^e^ siècle pour faire face au progrès de l'artillerie et a été utilisée jusqu'au début du XX^e^ siècle. Le bâtiment fut sauvé de justesse dans les années 70 et classé.

# 95_La presqu'île scientifique

*D'entrepôt d'armes à quartier du futur*

Enclavé entre deux rivières, l'Isère et le Drac, ce quartier est l'un des plus récents de Grenoble. Situé tout au nord de la commune, il en est aussi l'un des points d'entrée via le pont suspendu d'Oxford. Ce vaste terrain appartenait autrefois à l'armée, d'où son autre nom de polygone scientifique. En effet, cette zone est utilisée depuis le XIX^e siècle comme polygone d'artillerie, car sa situation était assez éloignée de la ville pour limiter les risques.

Ce quartier a également accueilli une usine de gaz et des abattoirs. Le polygone connut deux explosions majeures pendant les grands conflits mondiaux : celle survenue pendant la Première Guerre mondiale fut accidentelle et, malgré des dégâts majeurs à travers toute la ville, elle ne fit qu'une seule victime. La deuxième explosion fut orchestrée par la Résistance lors de la Seconde Guerre mondiale sous l'occupation allemande. Dans les années 50, les terrains furent cédés par l'armée au Commissariat à l'énergie atomique afin d'installer de nouveaux équipements de recherche et deux réacteurs nucléaires. Le site devint alors le troisième centre d'études nucléaire en France.

Aujourd'hui, les réacteurs ont été démantelés et de l'autre côté de l'avenue des Martyrs, un nouveau quartier d'habitations a vu le jour. Parmi ces nouveaux immeubles au style parfois inattendu, le bâtiment expérimental ABC est sans doute le plus surprenant avec ses immenses panneaux solaires sur les toits ; raccordés à des batteries, ils permettent une autonomie presque totale en énergie. Il est également équipé d'un système de récupération et de traitement de l'eau de pluie, tandis que les eaux grises des ménages sont réutilisées pour les toilettes ou l'arrosage du jardin partagé. Tout a été pensé dans une optique d'optimisation des ressources et de réduction des déchets : douches économiques, bacs de recyclage en cuisine, compostage collectif, etc. Les habitants sont formés et associés au projet pour de meilleurs résultats.

**Adresse** Avenue des Martyrs, 38000 Grenoble | **Transports en commun** Tram B, arrêt Oxford | **Horaires d'ouverture** Des visites intitulées « Quartier Cambridge », organisées par l'office de tourisme de Grenoble, permettent de découvrir ce quartier et ses immeubles nouvelle génération | **À savoir** L'avenue principale qui structure le quartier est l'avenue des Martyrs. L'origine de ce nom remonte à la Seconde Guerre mondiale : peu après la Libération, deux charniers, où avaient été jetés les corps de 48 résistants et otages civils, furent découverts. La rue se termine par la place de la Résistance, nommée ainsi pour les mêmes raisons.

# 96 Les remparts romains de Grenoble

*Un vestige de l'époque antique*

Les premières traces de civilisation à Grenoble remontent au moins à l'époque romaine ; la défense de la ville occupait déjà une place importante, comme en atteste l'imposant rempart édifié au III^e^ siècle. Cette enceinte a assuré la protection de la cité durant 13 siècles. L'entrée dans Grenoble se faisait par deux portes : au nord, la porte d'Hercule menant vers la ville de Vienne, et au sud, la porte de Jupiter menant vers Rome. Les traces de la porte d'Hercule sont visibles sur le parvis de la cathédrale Notre-Dame et dans le restaurant Beyrouth, où subsiste un mur rond, vestige de la tour de l'ancienne porte. En observant les toits au-dessus du restaurant voisin, Le Tonneau de Diogène, une curieuse tour se détache nettement du paysage : il s'agit d'une des tours du rempart, conservée, mais largement transformée au cours des âges.

La ville commençant à s'étendre au-delà des remparts au XIV^e^ siècle, une nouvelle portion fut ajoutée pour protéger le faubourg de l'Île : aujourd'hui, cette partie des fortifications est toujours visible, mais elle est bien cachée. Elle se trouve en effet sous terre, dans le parking du musée de Grenoble ! Les vestiges des deux enceintes y cohabitent : ceux de la partie la plus ancienne derrière des vitres et ceux de l'ajout du XIV^e^ siècle du côté est. La tour de l'Isle, appartenant à la citadelle construite par Lesdiguières après la prise de Grenoble, a également été préservée. Après avoir servi de salle du conseil municipal, puis de stockage des archives, elle est à présent annexée au musée de Grenoble.

L'emplacement des anciens remparts romains est aujourd'hui symbolisé au sol par des clous en bronze gravés du nom de Cularo – l'ancien nom de Grenoble. Quelques portions des remparts ont subsisté, notamment au pied de la cathédrale, dans la rue Lafayette ou à la base de la tour de l'hôtel de Lesdiguières.

Adresse Place Notre-Dame, 38000 Grenoble | Transports en commun Tram B, arrêt Notre-Dame-Musée | Horaires d'ouverture Des visites sur le thème des fortifications de Grenoble sont organisées par l'office de tourisme de Grenoble lors des Journées du patrimoine | À savoir Le musée de l'Ancien Évêché, derrière la cathédrale Notre-Dame, est gratuit et détaille la construction des remparts. On peut y voir le baptistère de l'époque romaine découvert lors des travaux du tram B dans les années 80.

# 97 La réserve naturelle de l'étang de Haute-Jarrie

*Réservoir de faune sauvage*

Cette réserve naturelle s'étend sur 10,5 hectares au centre du plateau de Champagnier et englobe un plan d'eau, des zones humides et des prairies. Elle abrite une riche biodiversité puisque le lac, d'origine glaciaire, est entouré de centaines de roseaux formant une roselière, qui contribue à filtrer l'eau et sert de refuge aux oiseaux du secteur. Plus de 150 espèces aviaires ont en effet pu être recensées sur le périmètre, dont le héron pourpré, la bécassine des marais ou encore la grande aigrette. Le lac fait également office de halte pour de nombreux oiseaux migrateurs en partance vers le Sud comme le blongios nain, une espèce de héron en danger qui s'y arrête chaque année.

Les oiseaux ne sont pas les seuls à avoir élu domicile dans la zone, puisque de nombreuses espèces de reptiles et d'amphibiens sont présentes, sans oublier les insectes, dont des libellules et des papillons rares. Avec de la chance, quelques mammifères peuvent également être observés, comme des hérissons ou des blaireaux. C'est pour préserver cette richesse du vivant que la commune de Jarrie a décidé de protéger le site dès 1984 en lui octroyant le titre de réserve volontaire – devenue par la suite une réserve naturelle régionale.

Sa proximité avec Grenoble en fait un site idéal pour se ressourcer et pour profiter d'un cadre ombragé en été. La période printanière est celle de la reproduction des animaux : si le site reste ouvert au public, il est recommandé de respecter la tranquillité des lieux pour ne pas nuire à ses habitants. Un parcours adapté aux personnes à mobilité réduite permet de se rendre sur une plateforme en bois au-dessus du lac pour observer la faune et la flore. Des panneaux pédagogiques présentent quelques espèces phares du site : les canards colverts, les sarcelles d'hiver, le héron ou encore la chauve-souris noctule de Leisler.

Adresse 465-797 route du Plâtre, 38560 Jarrie, www.rnr-drac-jarrie.fr | Transports en commun Bus 66/71, arrêt Le-Plâtre | À savoir Le personnel de la réserve naturelle propose régulièrement des visites thématiques au grand public afin de voir les différents animaux autrement.

# 98 La résidence des Perrin

*Success-story féminine au XIX*[e] *siècle*

Ce bel immeuble fut l'hôtel particulier de la famille Perrin, une importante famille de gantiers grenoblois au XIXe siècle. La ganterie, alors principale industrie de Grenoble, était en plein renouveau lorsque madame Perrin perdit tragiquement son mari en 1857. Enceinte de son huitième enfant, elle dut trouver une façon de subvenir aux besoins de sa famille. Elle décida de quitter La Mure pour s'installer avec ses enfants à Grenoble. Fille d'un artisan gantier, elle se tourna naturellement vers cette activité et commença par travailler pour les petites ganteries de la ville depuis son appartement.

Ses réalisations étant de plus en plus appréciées par une clientèle fidèle, elle lança sa propre ganterie avec ses deux fils aînés. La société Veuve Perrin, Fils et Cie fut créée en 1860. Quelques années plus tard, à l'étroit, l'entreprise déménagea dans les locaux d'une ancienne ganterie rue Saint-Laurent. La compagnie ne cessa de grandir et les fils Perrin contribuèrent à cette expansion : Paul ouvrit les comptoirs australiens et européens, et créa une fabrique à La Mure et à Millau. Valérien, le troisième fils, rejoignit également l'activité et s'installa aux États-Unis en 1873 pour y développer le marché outre-Atlantique. En 1878, la cheffe d'entreprise passa les rênes à ses fils, puis Valérien reprit seul la direction à la mort de ses deux frères. Il fonda en 1916 la société Valisère pour produire des gants de tissu et devint l'un des employeurs les plus importants de Grenoble.

L'hôtel particulier de Valérien a été construit par les architectes Joseph Chatrousse et Marius Ricoud, que l'on connaît aussi pour le superbe immeuble aux Éléphants de Grenoble. Ils conçurent un bâtiment unique qui mêle l'ancien et le moderne, mariant des éléments en pierre réelle aux moulures en béton. Remarquez l'attention portée aux détails, comme ces gouttières délicatement décorées. Ce bâtiment est devenu aujourd'hui une résidence hôtelière.

**Adresse** 1 rue Guy-Allard, 38000 Grenoble | **Transports en commun** Tram E, arrêt Condorcet | **Horaires d'ouverture** Accès extérieur libre. La résidence Le Château est uniquement accessible aux clients. L'intérieur a été entièrement rénové et modifié | **À savoir** L'école Univeria s'est établie dans l'ancienne manufacture Perrin, dont l'entrée affiche encore fièrement le nom de l'entreprise (6 rue Irvoy). Le restaurant MadaM accueille ses clients dans la magnifique demeure Belle Époque de Louis Alphonse Douillet, le petit-fils de la fondatrice des gants Perrin (34 rue Thiers).

# 99_Spacejunk

*De la rue aux galeries d'art*

Le Spacejunk Art Center est un espace spécialisé dans les expositions d'œuvres d'art alternatif, notamment les formes d'art nées dans la rue. Il a été créé par l'ancien snowboardeur professionnel Jérôme Catz, qui a voulu apporter sa pierre à l'édifice en offrant un lieu d'expression aux artistes dans ces branches émergentes.

L'inauguration de son premier centre d'art, le Spacejunk de Grenoble, en 2003 a été suivie par l'ouverture d'un deuxième à Bayonne en 2007, puis d'un troisième à Lyon en 2009. Le but de ces espaces est d'exposer des œuvres d'artistes issus des mouvements tels que le street art, le lowbrow et le pop surréalisme, mais surtout de servir de lieu de médiation entre les créateurs et le public pour permettre à ce dernier de mieux comprendre les messages des artistes et leurs modes d'expression. Des actions sont régulièrement organisées à destination du jeune public et des écoles, comme l'accompagnement dans la réalisation de projets académiques par exemple.

Le street art, né dans les années 60 aux États-Unis et arrivé en Europe quelques années plus tard, n'a pas toujours très bonne presse. Il est surtout présent dans les quartiers populaires ; certaines œuvres sont considérées par les autorités ou les riverains comme des dégradations du mobilier urbain. Le terme « street art » désigne de multiples facettes de cette expression : les tags réalisés à la bombe, les fresques, les pochoirs, mais également les collages. Les premières expositions françaises ont eu lieu dans les années 80 à Paris et ce mode d'expression a alors commencé à être utilisé par les municipalités pour décorer des murs. Le Streer Art Fest Grenoble Alpes en est d'ailleurs une illustration (voir chap. 102).

Le Spacejunk de Grenoble organise plusieurs expositions par an d'artistes français ou internationaux. Certaines sélections présentent des œuvres engagées, polémiques ou dénonçant les travers de notre société.

Adresse 19 rue Génissieu, 38000 Grenoble | Transports en commun Tram A/B/E, arrêt Alsace-Lorraine | Horaires d'ouverture Du mardi au samedi de 14 h à 19 h | À savoir Les œuvres exposées dans la galerie sont à vendre si vous souhaitez repartir avec une toile originale pour votre salon. Le centre d'art propose aussi à la vente certains ouvrages spécialisés, dont ceux écrits par Jérôme Catz lui-même.

# 100 La statue du chevalier Bayard

*Une légende du Moyen Âge*

Pierre Terrail naquit à Pontcharra en 1476 dans « la tour de Bayard » qui lui donna son nom, au sein d'une famille noble peu fortunée. Il accéda néanmoins à des études militaires à Grenoble grâce à la générosité de son oncle maternel, l'évêque Laurent Alleman. Après avoir terminé ses études à la cour de France, il entra au service du comte de Ligny, un seigneur dauphinois, à l'âge de 17 ans. C'est ainsi qu'il commença à se faire remarquer par son courage et son habilité au combat.

Connu pour la droiture et le code d'honneur qui caractérisait sa famille, il participa aux guerres d'Italie sous Charles VIII et s'illustra particulièrement lors de la bataille du pont du Garigliano contre les Espagnols. Rejoignant au dernier moment un groupe d'éclaireurs, il se retrouva avec ses compagnons face à une armée bien plus nombreuse. Le pont étroit obligea les hommes à s'affronter un à un et Bayard, resté seul à l'arrière, en défit le plus grand nombre avant l'arrivée des renforts. En 1509, à la suite d'une autre victoire, Bayard, le chevalier sans peur et sans reproche, se vit accorder le titre de capitaine, habituellement réservé aux nobles puissants du royaume. Il devint également lieutenant général du Dauphiné en 1515 et œuvra particulièrement à aider les plus démunis. Il combattit la peste en nettoyant la ville et supervisa les travaux des digues pour contrer les inondations. Tout en assurant ses fonctions de gouverneur, il continua à prendre part aux batailles et fut maintes fois blessé. En 1524, lors d'une bataille en Italie, une blessure lui fut finalement fatale. Son corps fut rapatrié et enterré dans le tombeau familial au couvent des Minimes. À la Révolution française, sa sépulture fut profanée : on décida alors de transférer sa dépouille dans la collégiale Saint-André… pour se rendre compte qu'il s'agissait de ceux d'une femme !

Adresse Place Saint-André, 38000 Grenoble | Transports en commun Tram B, arrêt Notre-Dame-Musée | À savoir La statue du chevalier a été réalisée en 1823 par un sculpteur italien et, assez curieusement, le représente dans une position de faiblesse.

# 101 La statue d’Hercule

*Un personnage légendaire*

François de Bonne de Lesdiguières est une personnalité incontournable de Grenoble tant il a marqué son histoire : chef de guerre des protestants pendant les guerres de Religion, il réussit à prendre Grenoble au nom du roi Henri IV en 1590, après un mois de siège. Fort de ses nombreux exploits et en dépit des massacres perpétrés, Lesdiguières reçut les faveurs du roi, devint gouverneur de Grenoble, obtint le titre de duc et il fut enfin, juste avant sa mort, le dernier connétable de France. Le duc laissa une empreinte durable à Grenoble, puisqu’il y lança de grands travaux, notamment pour renforcer ses défenses. Sous ses ordres fut construit l’hôtel de Lesdiguières et son magnifique jardin à l’emplacement de l’ancienne trésorerie.

Créé en 1620, ce qu’on appelle désormais le jardin de Ville est un jardin à la française classique avec une roseraie et de multiples espèces de plantes, dont des platanes classés comme remarquables. Au centre de ce jardin, du côté de l’Isère, une statue se dresse sur son piédestal. Il s’agit du héros grec Hercule, mais elle est souvent considérée comme une allégorie du duc de Lesdiguières. La statue originale était placée dans le parc de son château de Vizille, puis fut déplacée dans le jardin de Ville. Elle fait aujourd’hui partie des collections du musée de Grenoble et deux copies ont été placées à ses précédents emplacements. L’œuvre est attribuée au sculpteur Jean Richier, mais cela reste incertain.

Une légende urbaine existe d’ailleurs à propos de cette statue : lors d’une soirée un peu arrosée, Lesdiguières aurait mis en jeu… ses attributs masculins ! Voyant qu’il perdait, il aurait déclaré « soit, on me “les” coupera… mais en effigie ! » En y regardant de plus près, on peut effectivement apercevoir des objets ronds dans la main gauche de la statue d’Hercule ! Néanmoins, selon la version officielle, il s’agirait des pommes d’or des Hespérides que le héros subtilisa lors de ses 12 travaux.

Adresse 5 Jardin-de-Ville, 38000 Grenoble | Transports en commun Tram A/B, arrêt Hubert-Dudebout-Maison-du-Tourisme | À savoir L'hôtel de Lesdiguières est aujourd'hui occupé par la maison de l'International et la bibliothèque du jardin de Ville. Lorsque la ville de Grenoble acquit le palais et ses dépendances en 1719, le jardin devint accessible au public, mais seulement aux personnes dites de distinction, le reste du peuple en étant tenu à l'écart !

# 102_Street Art Fest Grenoble Alpes

*Une galerie d'art à ciel ouvert*

Le Street Art Festival a été créé en 2015 à l'initiative de l'association SpaceJunk, qui gère également l'espace d'exposition du même nom (voir chap. 99). La première édition a fait intervenir une trentaine d'artistes locaux et internationaux qui ont réalisé une quarantaine d'œuvres monumentales sur les murs de Grenoble. En parallèle ont eu lieu de multiples événements autour du street art tels que des conférences, des rencontres, des visites guidées, etc.

Les œuvres de cette première édition ont eu un impact significatif dans la ville. Dès l'année suivante, le festival a été reconduit et a depuis accueilli un peu plus d'artistes chaque année, tandis que sa durée a été progressivement allongée pour passer à près d'un mois. Durant ces semaines, un programme riche permet au public d'observer les artistes à l'œuvre, d'assister à des conférences ou encore de découvrir les projections du Street Art Movie Fest. Ce dernier propose depuis 2017 la diffusion de documentaires, de fictions ou de films d'animation en lien avec l'univers du street art, afin de montrer les différentes facettes de ce milieu. La diversité des créations est bien représentée par les artistes invités : leur style et leurs techniques offrent un large aperçu de la discipline. Les influences sont également multiples et parfois totalement inattendues : la fresque de Belin s'inscrit clairement dans le néocubisme, alors que celle de son collègue grenoblois Neo Musty semble sortie tout droit d'un manga.

Le festival est l'occasion pour de nombreux artistes de réaliser la plus grande performance de leur carrière, avec des façades entières d'immeubles mises à leur disposition. C'est aujourd'hui plus de 335 œuvres qui ont été réalisées dans une dizaine de communes de l'agglomération, faisant de Grenoble la capitale du street art en Europe.

**Adresse** L'ensemble des œuvres et leur localisation sont disponibles sur le site www.streetartfest.org Des visites guidées sont organisées par l'équipe pendant le festival, puis par l'office de tourisme de Grenoble | **À savoir** Pour les fans de street art ou les simples curieux, l'espace d'exposition SpaceJunk propose une sélection de livres, dont certains regroupent les réalisations du Street Art Fest. Ils peuvent également être achetés en ligne sur le site du festival.

# 103 Terre Vivante

*Nourrir l'homme et la terre*

Terre Vivante a vu le jour à Paris il y a plus de 40 ans sous la forme d'une association qui propose des solutions pour préserver l'environnement. Ainsi, elle a publié le tout premier magazine de jardinage écologique à une époque où le sujet était encore peu abordé. La structure est aujourd'hui une coopérative, à la fois maison d'édition, puisqu'elle publie des ouvrages sur l'écologie, l'agriculture biologique, la santé et la nature, centre d'expérimentations et centre de formation aux méthodes d'agriculture raisonnée depuis 1994. Ce centre se situe au cœur des montagnes du Trièves, tout près de la petite commune de Mens. La propriété s'étend sur 50 hectares au milieu d'une riche végétation. Dès l'entrée, de petites parcelles de cultures en terrasses accueillent les visiteurs. Un chemin permet de déambuler dans le vaste domaine et de découvrir les différents thèmes liés à l'agroécologie. Cet immense espace pédagogique met en situation de nombreux cas pratiques : des ruches, une basse-cour, des cultures utilisant différentes méthodes de plantation ou de fertilisation. C'est également un laboratoire d'essais : de nouvelles méthodologies sont mises en pratique pour déterminer leur efficacité suivant les terrains. Chaque espace est aménagé avec des panneaux à destination des visiteurs autonomes. Des exemples ludiques sont aussi mis en scène afin de démontrer concrètement les résultats des différentes expérimentations : on peut par exemple s'essayer à la manipulation de différents outils de travail sur plusieurs types de sols.

Certains parcours sont spécifiquement conçus pour les enfants : des panneaux à leur hauteur et de détails les feront participer à l'expérience. Pour compléter l'écosystème naturel, de nombreuses mares ont été créées : il est possible d'y observer poissons, têtards, grenouilles, crapauds, etc. Les rares bâtiments du centre font partie de la découverte, puisqu'ils sont construits en matériaux écologiques. Une exposition permanente est d'ailleurs consacrée à ce sujet.

Adresse 169 route de Raud, 38710 Mens, www.terrevivante.org | Accès Depuis Grenoble, prenez l'A51 en direction de Monestier-de-Clermont. Continuez sur la D1075 et la D526 jusqu'à Mens | Horaires d'ouverture De 11 h à 18 h, les week-ends et jours fériés de mai à septembre ; tous les jours en juillet et août | À savoir Le centre Terre Vivante propose des stages pour le grand public, mais également des formations professionnelles.

# 104_ Le Thé à Coudre

*De fil en aiguille…*

Caché au fond d'une petite rue calme du centre-ville de Grenoble, dans le quartier Très-Cloîtres, ce joli café coloré propose de combiner deux activités qui n'ont a priori rien à voir : couture et gastronomie. L'idée initiale était de proposer un lieu pour apprendre à faire soi-même ses petites créations dans un esprit collaboratif. Action valorisante d'un point de vue personnel, apprendre à coudre est aussi devenu une nouvelle façon de consommer plus responsable, donnant la possibilité de concevoir du sur-mesure ou de réparer des affaires usées ou récupérées. Créé en 2018 sous forme de coopérative, ce café est l'œuvre de cinq femmes – couturières, pâtissière ou à l'âme décoratrice –, toutes passionnées par ce projet. Pour la petite anecdote, il y a une vingtaine d'années, le local du Thé à Coudre accueillait déjà d'un côté, un pâtissier et de l'autre… une couturière !

Le Thé à Coudre propose plusieurs formules pour ceux qui veulent venir s'essayer à la couture, au tricot ou encore à la broderie : on peut participer aux ateliers pour se former sur un thème précis (le matériel est alors fourni) ou bien louer une machine à coudre et travailler sur un projet personnel en autonomie, en bénéficiant bien sûr de conseils en cas de besoin. Cela permet de commencer la couture sans avoir à investir d'emblée, mais également de tester et d'appréhender le matériel avant de se lancer. Les cours proposés sont tout public, même si certains sont spécialement destinés aux adolescents ou aux enfants. L'atelier propose également la vente de coupons de tissus de seconde main issus de dons.

Côté culinaire, le café propose tous les midis de petits plats complets bios, locaux et végétariens ! De plus, de délicieuses pâtisseries maison sont à déguster tout au long de la journée, accompagnées de boissons faites sur place. Des événements culturels tels que des expositions, des concerts, des ateliers-débats s'y tiennent régulièrement.

Adresse 6 rue Servan, 38000 Grenoble, www.letheacoudre-grenoble.fr | Transports en commun Tram A/B, arrêt Notre-Dame-Musée | Horaires d'ouverture Du mardi au samedi de 10 h à 19 h. Ateliers travaux manuels à consulter sur le site internet | À savoir Le Thé à Coudre propose tous les samedis matin un brunch avec buffet à volonté, à déguster en salle ou en terrasse.

# 105 La tour Perret

*Un point de vue spectaculaire sur Grenoble*

La tour Perret reste à ce jour le seul vestige de l'Exposition internationale de 1925 : à cette occasion, la ville de Grenoble fut visitée par le monde entier et voulut mettre en avant son matériau fétiche, le béton. Cette construction, réalisée par les frères Auguste et Gustave Perret, fut la première tour en béton armée du monde, aujourd'hui classée monument historique. Haute de 90 mètres, elle est desservie par un escalier intérieur hélicoïdal et deux ascenseurs permettant d'accéder à la passerelle d'observation à 60 mètres. Lors de son inauguration en 1925, deux députés restèrent d'ailleurs bloqués dans l'ascenseur pendant la pause repas, inquiétant sérieusement les forces de police parties à leur recherche. Au sommet de la tour, des lettres indiquent les quatre points cardinaux, tandis qu'une table d'orientation permet de situer les sommets des Alpes.

Après l'exposition, la majorité des pavillons furent détruits et le terrain transformé en un parc que l'on connaît aujourd'hui sous le nom de parc Paul-Mistral. Faute d'entretien, la tour commença à se dégrader. Malgré quelques travaux entrepris en 1952, elle dut être interdite au public dans les années 60 pour des raisons de sécurité. Aujourd'hui totalement fermée, la tour continue pourtant d'être utilisée : dotée d'un système d'éclairages récent, elle est régulièrement illuminée et sert notamment de support aux feux d'artifice du 14 juillet. Mais elle fait surtout office de point de repère pour les Grenoblois qui se donnent rendez-vous dans le parc !

Des collectifs d'habitants et des associations se sont mobilisés en 2013 et 2014 pour demander la restauration et la réouverture de la tour au public. Cette démarche a abouti au vote d'un projet de réhabilitation en 2016. Le béton étant un matériau relativement récent, les techniques de restauration sont en constante évolution et un chantier pilote a été nécessaire pour les tester sur l'édifice. La tour Perret devrait être à nouveau accessible dans le courant de l'année 2024.

**Adresse** Parc Paul-Mistral, 38000 Grenoble | **Transports en commun** Tram A/C, arrêts Chavant ou Hôtel-de-Ville. La piste cyclable Chronovélo dessert également le parc | **À savoir** Pendant les travaux, une exposition au pied de la tour permet de suivre les détails du chantier, mais également de découvrir que la tour abrite 24 espèces d'oiseaux et 9 sortes de chauves-souris. Parmi elles se trouvent des espèces menacées qui seront protégées et surveillées tout au long de la restauration.

# 106 La tourbière de l'Herretang

*Un refuge pour des centaines d'espèces*

Une tourbière est le résultat de la décomposition imparfaite de végétaux depuis l'époque glaciaire. La matière ainsi produite peut s'accumuler sur plusieurs mètres d'épaisseur et permet une très bonne conservation des corps qu'elle emprisonne. Au XIX$^{e}$ siècle, la tourbe était extraite et utilisée ensuite comme combustible, mais cette activité générait une importante pollution. Arrêtée à la fin du XIX$^{e}$ siècle, l'activité d'extraction reprit pourtant au sortir de la guerre pour pallier le manque de ressources et se poursuivit jusqu'en 1996. La tourbière de l'Herretang fut ensuite classée Espace naturel sensible par le département.

La promenade commence sur un petit sentier au bout du parking qui mène jusqu'au parcours : bien qu'une flèche indique de tourner à gauche, il s'agit en réalité d'une boucle et la partie de droite étant la plus intéressante, il vaut mieux commencer par celle-ci. Elle est également la plus accessible pour les poussettes. Le chemin vous mènera le long du canal artificiel de l'Herretang. Après quelques mètres de marche, vous découvrirez deux cabanes aménagées pour observer en hauteur les espèces animales du parc : différents oiseaux comme le héron cendré, la mésange ou le canard, mais aussi une vingtaine d'espèces de libellules, qui affectionnent les tourbières. Les panneaux conseillent de rester particulièrement silencieux pour espérer apercevoir les animaux – il faut effectivement être patient et chanceux pour les observer ! En poursuivant la marche, la piste arrive sur les caillebotis en bois aménagés directement au-dessus de la tourbière, au milieu des roseaux. Tout au long du chemin, des panneaux pédagogiques offrent des informations sur les insectes, animaux ou plantes de ce milieu. La dernière partie du parcours permet de découvrir l'observatoire installé dans un ancien transformateur EDF.

**Adresse** Parking des Tourbières de l'Herretang, chemin des Terpends, 38380 Saint-Laurent-du-Pont | **Accès** Depuis Grenoble, prenez la D520 en direction de Saint-Joseph-de-Rivière. Continuez jusqu'au chemin des Terpends | **Horaires d'ouverture** Accès libre toute l'année, conseillé d'avril à octobre. L'office de tourisme propose des visites guidées du parc | **À savoir** Le parc accueille plus de 220 espèces de plantes, 238 espèces de champignons, 30 espèces d'oiseaux et bien d'autres. Le parcours de la tourbière fait 3,5 kilomètres, mais il est possible de poursuivre son chemin jusqu'à la Tuilerie, ancienne fabrique de tuiles et de briques, restaurée par le département.

# 107_Les trois tours

*Constructions audacieuses*

Les tours Belledonne, Vercors et Mont-Blanc, plus communément appelées les trois tours, furent construites entre 1965 et 1968. Avec leurs 98 mètres de hauteur pour un peu moins de 30 étages, elles détenaient le record des plus hautes tours d'habitation en Europe au moment de leur inauguration. Autant dire que leur construction à la fin des années 60 ne passa pas inaperçue. Le chantier suscita de nombreuses oppositions et le résultat continue de diviser, même de nos jours. Soit on aime, soit on n'aime pas, mais les trois tours ne laissent personne indifférent !

Dessinées par un cabinet d'architectes parisien, elles avaient pour but de préserver la nature dans le quartier de l'Île Verte, d'où le choix d'une construction en hauteur. Ces tours furent en effet bâties sur une ancienne zone militaire transformée en jardin public. Leur design très particulier attire immédiatement l'œil : les bâtiments sont recouverts d'alvéoles formées par d'innombrables balcons. Elles ont ainsi l'air de ruches géantes s'élevant vers le ciel. Cette architecture originale distingue nettement les trois tours de leurs contemporaines, nombreuses à Grenoble ; elle permet en effet d'offrir à chaque habitation, de la plus petite à la plus grande, un espace extérieur bien distinct de celui de ses voisins, puisque les balcons sont décalés. « Réaliser une suite de maisons individuelles en hauteur », tel était le but des architectes du projet. Les halls d'entrée sont encadrés par de grands bassins décorés de mosaïques remarquables. Réalisées par L'Œuf Centre d'Études, un collectif d'artistes et d'architectes créé en 1962, elles sont composées de différents matériaux tels que le marbre, les pâtes de verre ou encore la terre cuite.

Aujourd'hui bien implantées dans le paysage urbain, ces tours sont souvent associées à l'image de Grenoble au même titre que le téléphérique. Elles sont également labellisées Architecture contemporaine remarquable.

Adresse 6 rue du Commandant-l'Herminier, 38000 Grenoble | Transports en commun Tram B, arrêt Notre-Dame-Musée | Horaires d'ouverture Accès libre au jardin public depuis lequel les tours sont visibles. Les tours sont privées et ne se visitent pas | À savoir Les jours de mauvais temps, il arrive que les derniers étages se retrouvent au-dessus des nuages. Des images de ce phénomène sont visibles sur internet.

# 108 L'université Inter-Âges

*Le savoir comme outil thérapeutique*

Face à l'Isère se dresse l'université Inter-Âges, située sur le quai Créqui dans l'hôtel de Belmont, un immeuble du XVII^e siècle. Celui-ci ayant subi des transformations, il ne reste que quelques témoignages de son époque : l'escalier principal et la remarquable façade côté square Belmont. Son histoire, comme celle de beaucoup d'immeubles de cet âge, est jalonnée de multiples propriétaires – même l'État en a pris possession à la suite de la Révolution française, avant que le bien ne revienne finalement, non sans mal, à la famille Belmont. L'hôtel fut ensuite vendu à des négociants en 1804 puis redevint propriété de l'État à la fin du XIX^e siècle. Entre-temps, Napoléon, revenant de son exil sur l'île d'Elbe, y aurait trouvé refuge, car il n'avait guère confiance en l'auberge de la ville… l'auberge Napoléon !

L'université fut créée en 1977, après que des études ont montré l'effet bénéfique de nouveaux savoirs sur la qualité de vie des seniors. Ainsi naquit la deuxième université du troisième âge de France, après celle de Toulouse en 1973, sous l'impulsion de personnalités du monde universitaire, mais également grâce à des citoyens grenoblois. À sa création, l'université proposa des cours de diverses langues étrangères, rapidement suivis par d'autres disciplines. Dix ans plus tard, elle comptait déjà plus de 2 000 adhérents, et les profils s'étaient diversifiés à tel point que l'université du troisième âge devint l'université Inter-Âges.

Si de nombreux professeurs sont salariés, l'association ne pourrait pas fonctionner sans le travail des 200 bénévoles qui occupent différents postes au sein de la structure. Il est possible de suivre des cours, ateliers et conférences dans des domaines aussi nombreux que variés, allant de l'anglais à l'archéologie en passant par l'art floral ou l'astronomie. Le but de l'université étant d'ouvrir le savoir à un large public, les tarifs annuels restent abordables.

**Adresse** 2 square de Belmont, 38000 Grenoble, www.uiad.fr | **Transports en commun** Tram A/B, arrêt Victor-Hugo | **Horaires d'ouverture** Ouvert hors vacances scolaires aux horaires des cours | **À savoir** Pour ceux qui ne souhaitent pas s'engager pour une année complète, des ateliers ou des conférences sur des thèmes spécifiques sont proposés ponctuellement (planning à consulter sur le site de l'université).

# 109 La Vague

*Surfer au cœur des Alpes*

La ville de Grenoble, métropole au cœur des Alpes, a fondé son attractivité principalement sur les montagnes environnantes. Les activités comme le ski, la randonnée, l'escalade ou encore le trail sont monnaie courante parmi les loisirs pratiqués par les habitants et les touristes de la région. Mais qui irait imaginer que l'on peut également surfer dans la capitale des Alpes ? C'est pourtant ce que propose l'établissement La Vague grâce à une vague artificielle en intérieur.

Cette étonnante activité peut se pratiquer tout au long de l'année grâce à la structure couverte qui permet de s'affranchir des conditions météo. Autre différence notable : la glisse proposée sur cette vague artificielle est beaucoup plus accessible que le surf en mer, qui requiert beaucoup de pratique avant de maîtriser sa planche. En effet, la vague créée artificiellement n'imite pas une vague naturelle : ici, l'eau provenant d'un bassin est propulsée en jets de 40 kilomètres par heure sur un tapis de glisse. Ce système, en circuit fermé, est moins gourmand en ressources que d'autres technologies de vagues artificielles en piscine. La vague se surfe avec un bodyboard classique ou avec un flowboard, une petite planche spéciale utilisée uniquement en surf indoor. Les sessions pour débutants durent environ 45 minutes : elles commencent par un petit cours pour acquérir les bases de la glisse, puis l'initiation directement sur la vague en compagnie d'un instructeur. Les sensations fortes sont garanties dès les premiers essais !

Ouvert en 2019 par trois passionnés de sport, La Vague propose plusieurs formules à ses clients : en plus des sessions découverte, les surfeurs peuvent choisir des sessions 100 % bodyboard ou 100 % flowboard. La nouvelle activité, le Super Slide, unique en France, a récemment démarré : les adeptes peuvent prendre la vague en bouée ou directement avec leur corps – fous rires garantis !

Adresse 33 cours Jean-Jaurès, 38130 Échirolles, www.la-vague-grenoble.fr | Transports en commun Bus 25/C2/C7, arrêt Quinzaine | Horaires d'ouverture Le mercredi de 13 h 30 à 20 h, le jeudi et le vendredi de 11 h à 21 h, le samedi de 10 h 30 à 21 h, le dimanche de 10 h 30 à 18 h | À savoir La Vague accueille aussi un bar-restaurant qui propose des plats faits maison élaborés à partir de produits locaux. L'établissement organise régulièrement des événements à retrouver sur son site internet.

# 110_Les vespasiennes

*Reliques urbaines d'une autre époque*

À Grenoble, ces drôles de totems se retrouvent parfois au détour d'une rue ou d'un carrefour sans que l'on y prête vraiment attention. Certains les appellent familièrement des « pissotières » – car oui, c'est bien là leur fonction –, mais leur nom officiel est « vespasienne ». Il tient son origine de l'empereur romain Vespasien qui, pour renflouer les caisses de l'État après une guerre civile, mit en place un impôt sur la collecte de l'urine ! C'est d'ailleurs de là que nous viendrait l'expression « l'argent n'a pas d'odeur » (*pecunia non olet*).

La première vespasienne fut implantée à Paris en 1834 afin d'éviter que ces messieurs ne se soulagent n'importe où dans la capitale. Les colonnes arrivèrent peu de temps après à Grenoble : avec l'essor de l'industrie du béton, c'est dans ce matériau que furent fabriquées les quelques centaines de vespasiennes de la capitale des Alpes. L'autre fonction est méconnue : les vespasiennes furent équipées de réceptacles permettant de récolter l'urine (comme dans la Rome antique), car celle-ci, fortement concentrée en ammoniaque, était utilisée en tannerie pour la préparation des peaux nécessaires à l'industrie de la ganterie, en plein développement au XIX$^{e}$ siècle. Au fil du temps, les vespasiennes parisiennes furent agrandies, équipées d'éclairages et même décorées d'affiches publicitaires, avant de disparaître totalement. La création des célèbres colonnes publicitaires de la capitale, les colonnes Morris, visibles sur de nombreuses photos, a même été inspirée par les vespasiennes. On trouve d'ailleurs quelques exemplaires de colonnes modernes aussi dans la capitale des Alpes.

À Grenoble, quelques vespasiennes ont été conservées : partie intégrante du patrimoine, elles ont été déplacées au gré des différents travaux dans la ville. Souvent très abîmées, certaines assurent toujours leur fonction initiale, aussi étonnant que cela puisse paraître à notre époque.

**Adresse** Il n'existe malheureusement pas de référencement des vespasiennes à Grenoble. Vous pourrez en trouver quelques exemplaires sur le cours Jean-Jaurès, sur le quai Perrière, à l'angle de la rue du musée-bibliothèque, place Bir-Hakeim et rue Hébert | **À savoir** Lors des travaux de la ligne du tram E qui suit le cours Jean-Jaurès, trois vespasiennes ont été retirées et conservées à l'abri le temps des travaux, puis repositionnées à leurs emplacements.

# 111 Les voies cyclables

*Petite Amsterdam des Alpes*

Saviez-vous que Grenoble est devenue la ville la plus cyclable de France ? En 2021, elle a pris la tête du classement de la Fédération française des usagers de la bicyclette, devant Strasbourg et Rennes. Et pour cause : l'agglomération dispose d'un maillage de pistes cyclables de plus de 400 kilomètres. Le nouveau réseau Chronovélo est venu compléter l'ancien et améliore grandement la qualité des pistes. Ces itinéraires permettent aux habitants de se déplacer facilement et rapidement pour se rendre au travail, faire les courses, chercher les enfants à l'école ou aller boire un verre en ville. D'ailleurs, la première piste cyclable grenobloise existe depuis 1897, lancée par le syndicat d'initiative de la commune. Il s'agit probablement de l'une des premières au monde !

La topographie unique de Grenoble l'expose régulièrement à des pics de pollution, générés par un trafic trop dense. Les autorités ont donc favorisé la pratique du vélo très tôt en proposant un service de location dès 2004, avant Paris et Lyon. Un autre facteur a favorisé la pratique du vélo dans la cuvette : Grenoble est la ville la plus plate de France, la bicyclette y trouve donc tout naturellement sa place. Grenoble se trouve également sur le tracé d'une magnifique véloroute, la V63. Celle-ci parcourt les berges de l'Isère, offrant de fabuleux points de vue sur les massifs alentour. Les véloroutes font partie d'un ambitieux projet européen de 16 grands itinéraires cyclables à travers le continent dont 10 traversent la France !

À l'est de Grenoble, le tracé permet, par exemple, de relier le centre-ville à la base du Bois Français (voir chap. 69). Au nord, la voie part de la porte de France au niveau de l'Isère, passe par le barrage de Saint-Égrève, puis rejoint la voie verte de la digue du Drac au niveau du pont du Vercors de Veurey-Voroize, jusqu'à Saint Gervais. Le tracé se poursuit sur des voies partagées sur le reste du parcours jusqu'à Pont-de-l'Isère, proche de Valence.

Adresse Entrée de la V63 : porte de France, 38000 Grenoble. Un plan des pistes est disponible sur lametro.fr et les cartes des véloroutes sur www.af3v.org | Transports en commun Tram E, arrêt Annie-Fratellini-Esplanade | À savoir La voie verte longe de nombreuses terres agricoles : l'une d'elles, Les Terres du Héron, propose de la vente directe de légumes bios de juin à octobre (www.terresduheron.fr).

# Remerciements

À mon mari et à mon fils pour leur indéfectible soutien et leur compagnie lors de mes nombreuses déambulations pour l'écriture de ce guide !

À toutes les personnes rencontrées lors de mes visites pour leur accueil toujours chaleureux, beaucoup n'hésitant pas à prendre sur leur temps personnel pour me faire partager leur passion. Ma reconnaissance va également aux nombreuses structures associatives dont les activités façonnent tous les domaines de la ville : social, culturel, économique, et environnemental.

Enfin, à Audrey Hocheder et aux éditions Emons pour m'avoir fait confiance et accompagnée pendant toute la durée de ce projet, ce fut une grande première !

**Souhila Rahmi** a eu la chance de grandir sur trois continents différents et de baigner dans plusieurs cultures. Cette expérience a alimenté sa soif de découvertes, de voyages et de patrimoine. Ingénieure de formation, elle s'est installée pour des raisons professionnelles à Grenoble, ville à laquelle elle s'est vite attachée ! Ainsi, elle aime découvrir de nouveaux lieux et leur histoire, comprendre les rouages d'une époque, les étapes d'une création. La photographie, qui l'accompagne depuis toujours, est également un moyen de partager cette passion.

Dominique Milherou
**111 Lieux à Marseille**
**à ne pas manquer**
ISBN 978-3-7408-1051-1

Pauline Salembier
**111 Lieux à Montpellier**
**à ne pas manquer**
ISBN 978-3-7408-1292-8

Thibaut Bernardin
**111 Lieux à Strasbourg**
**à ne pas manquer**
ISBN 978-3-7408-1022-1

Isabelle Debuchy
**111 Lieux à Nancy**
**à ne pas manquer**
ISBN 978-3-7408-1417-5

Sybil Canac, Renée Grimaud,
Katia Thomas
**111 Lieux à Paris**
**à ne pas manquer**
ISBN 978-3-7408-0697-2

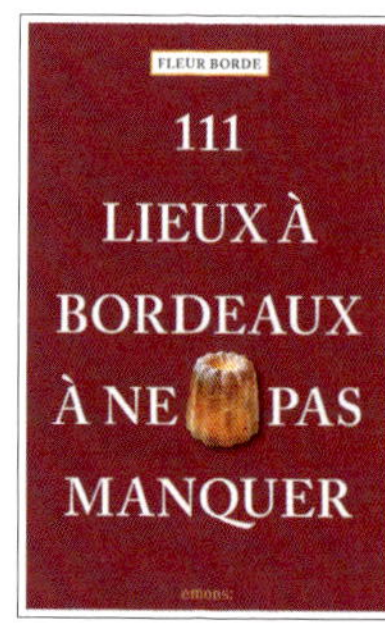


Fleur Borde
**111 Lieux à Bordeaux**
**à ne pas manquer**
ISBN 978-3-7408-1290-4

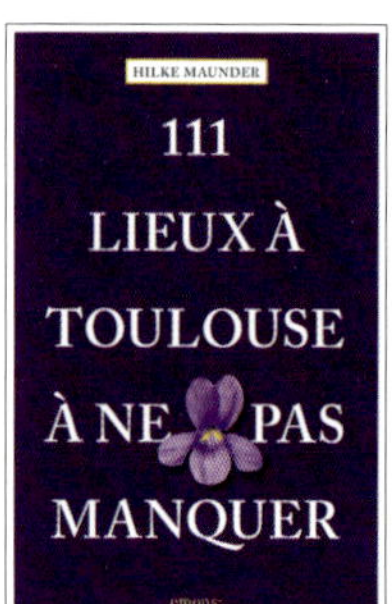


Hilke Mauder
**111 Lieux à Toulouse**
**à ne pas manquer**
ISBN 978-3-7408-1055-9

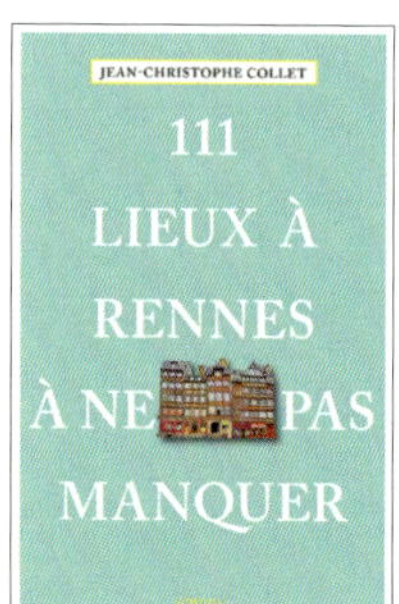


Jean-Christophe Collet
**111 Lieux à Rennes**
**à ne pas manquer**
ISBN 978-3-7408-1021-4

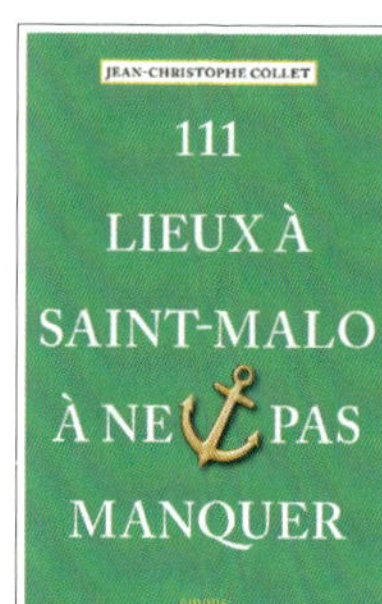


Jean-Christophe Collet
**111 Lieux à Saint-Malo**
**à ne pas manquer**
ISBN 978-3-7408-1571-4

Jean-Claude Belfiore
**111 Lieux à Nantes**
**à ne pas manquer**
ISBN 978-3-7408-1052-8

Lucie Spileers
**111 Lieux à Lille**
**à ne pas manquer**
ISBN 978-3-7408-1228-7

Daniel Moirenc
**111 Lieux en Provence**
**à ne pas manquer**
ISBN 978-3-7408-0699-6

Daniel Moirenc
**111 Lieux sur la Côte d'Azur**
**à ne pas manquer**
ISBN 978-3-7408-0700-9

Cécile Amarger, Lucie Mauffrey
**111 Lieux en Franche-Comté**
**à ne pas manquer**
ISBN 978-3-7408-1053-5

Marcus X Schmid
**111 Lieux au cœur du Jura**
**à ne pas manquer**
ISBN 978-3-7408-1767-1

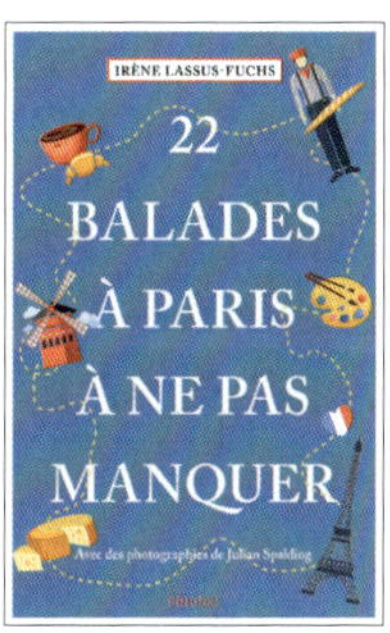


Irène Lassus-Fuchs
**22 Balades à Paris**
**à ne pas manquer**
ISBN 978-3-7408-1490-8

Nathalie Zaouati
**111 Lieux autour de Paris**
**à ne pas manquer**
ISBN 978-3-7408-1408-3

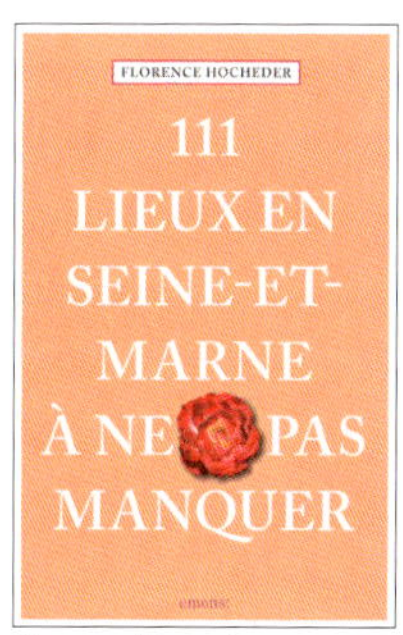


Florence Hocheder
**111 Lieux en Seine-et-Marne**
**à ne pas manquer**
ISBN 978-3-7408-1050-4

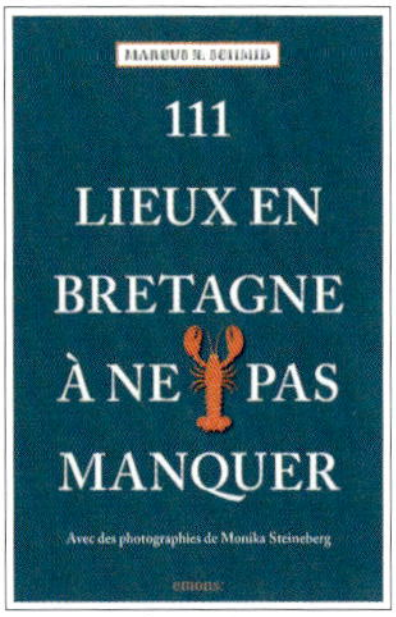


Marcus X Schmid
**111 Lieux en Bretagne**
**à ne pas manquer**
ISBN 978-3-7408-0821-1

Aurore et Edward Lépy
**111 Lieux en Loire-Atlantique**
**à ne pas manquer**
ISBN 978-3-7408-1409-0

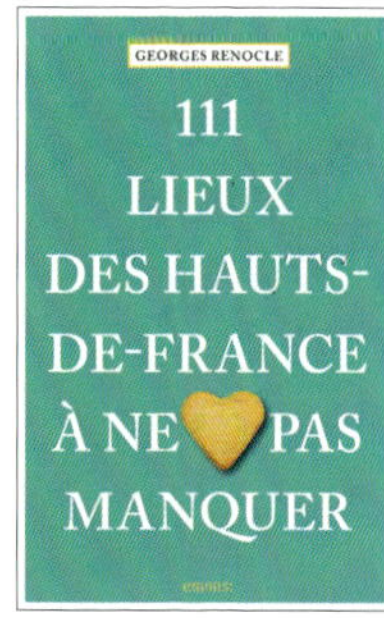


Georges Renocle
**111 Lieux des Hauts-de-France**
**à ne pas manquer**
ISBN 978-3-7408-1474-8

Sandrine Blanquart
**111 Lieux le long**
**de la Côte d'Opale**
**à ne pas manquer**
ISBN 978-3-7408-1460-1

Jérôme Derèze
**111 Lieux en Lorraine**
**à ne pas manquer**
ISBN 978-3-7408-1410-6

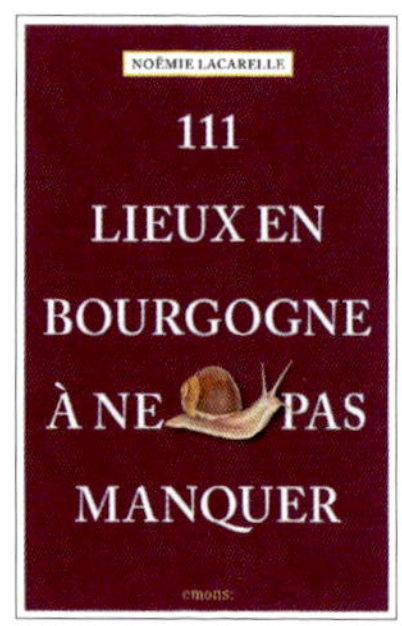


Noëmie Lacarelle
**111 Lieux en Bourgogne**
**à ne pas manquer**
ISBN 978-3-7408-1708-4

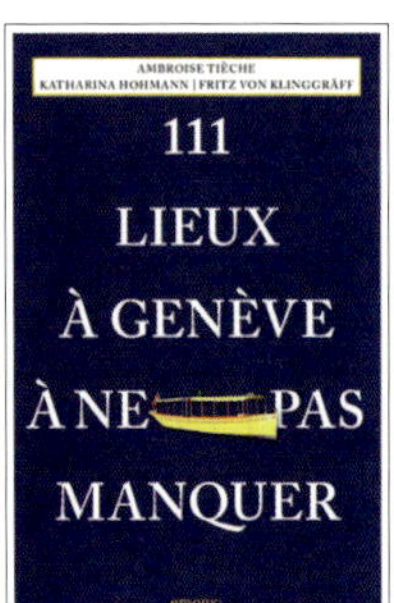


Katharina Hohmann,
Fritz von Klinggräff, Ambroise Tièche
**111 Lieux à Genève**
**à ne pas manquer**
ISBN 978-3-7408-0868-6

Ulrich Doepper, Pierre Thomas,
Michel Zendali
**111 Lieux à Lausanne**
**à ne pas manquer**
ISBN 978-3-7408-1561-5

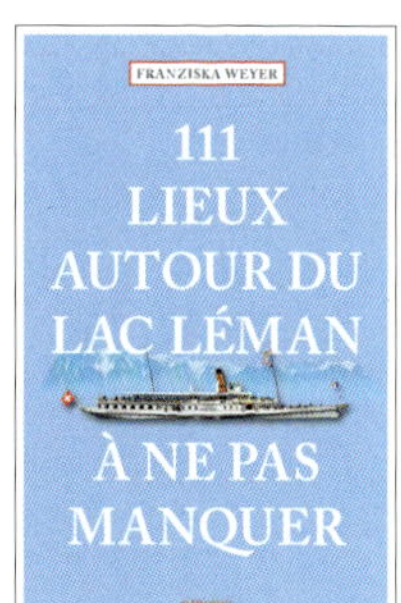


Franziska Weyer
**111 Lieux**
**autour du lac Léman**
**à ne pas manquer**
ISBN 978-3-7408-1596-7

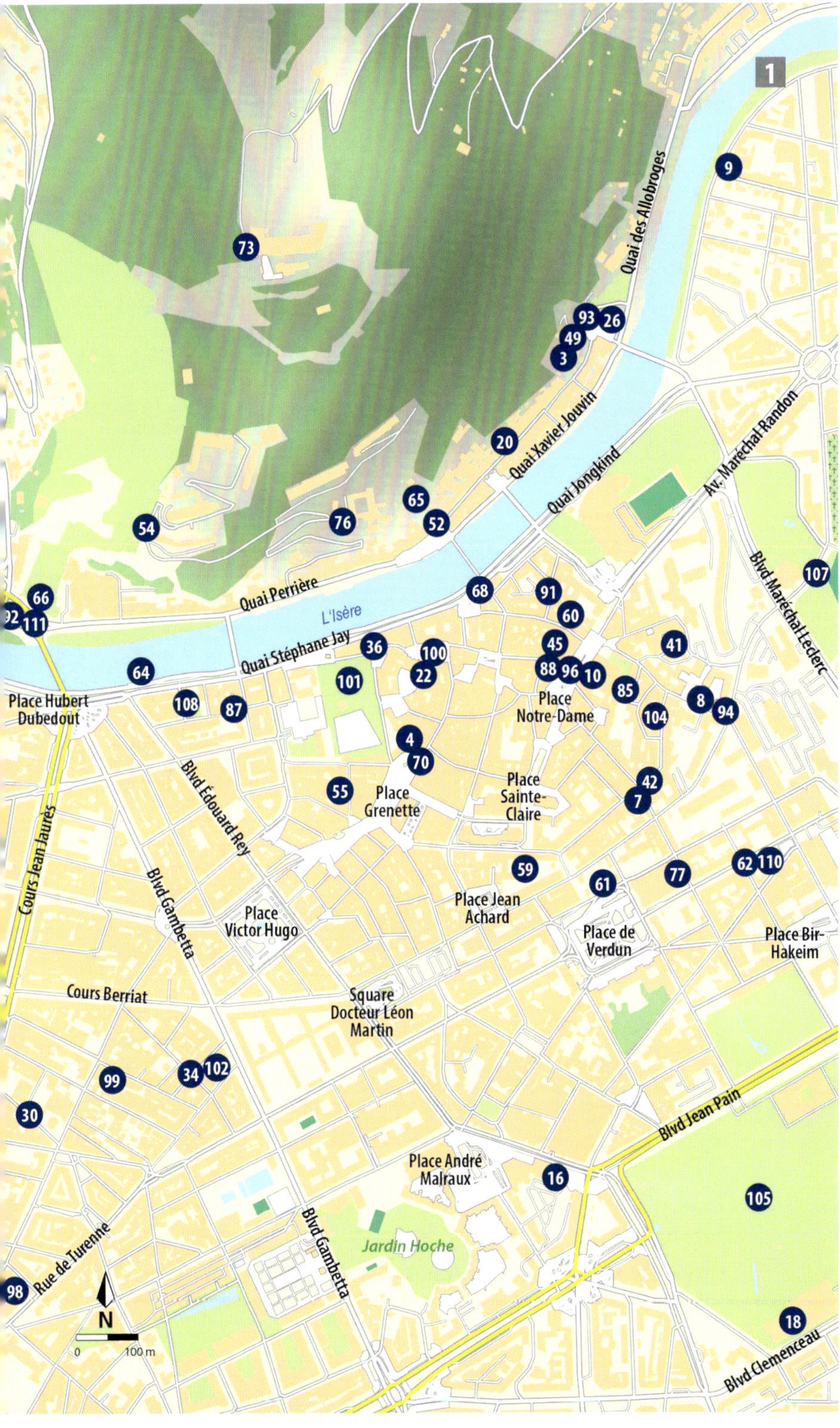
1
Quai des Allobroges
Quai Xavier Jouvin
Quai Jongkind
Av. Maréchal Randon
Blvd Maréchal Leclerc
Quai Perrière
L'Isère
Quai Stéphane Jay
Place Hubert Dubedout
Blvd Édouard Rey
Place Notre-Dame
Place Grenette
Place Sainte-Claire
Cours Jean Jaurès
Blvd Gambetta
Place Victor Hugo
Place Jean Achard
Place de Verdun
Place Bir-Hakeim
Cours Berriat
Square Docteur Léon Martin
Blvd Jean Pain
Place André Malraux
Jardin Hoche
Rue de Turenne
Blvd Clemenceau
N
0
100 m

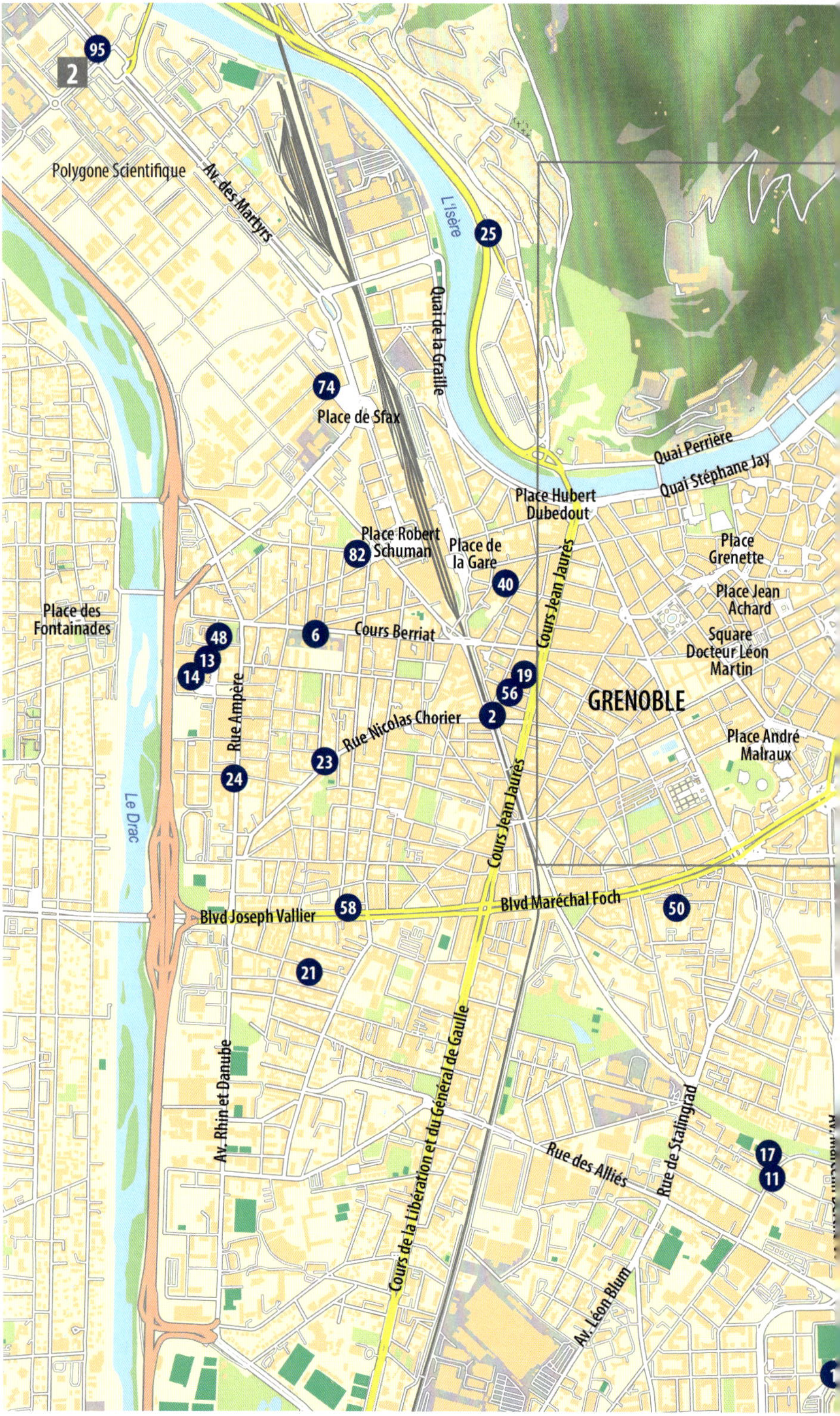
2
95
Polygone Scientifique
Av. des Martyrs
L'Isère
25
Quai de la Graille
74
Place de Sfax
Quai Perrière
Quai Stéphane Jay
Place Hubert Dubedout
Place Robert Schuman
82
Place de la Gare
40
Place Grenette
Place Jean Achard
Place des Fontainades
48
6
Cours Berriat
Cours Jean Jaurès
Square Docteur Léon Martin
13
14
19
56
GRENOBLE
Rue Ampère
2
Rue Nicolas Chorier
Place André Malraux
23
24
Le Drac
Blvd Joseph Vallier
58
Blvd Maréchal Foch
50
21
Av. Rhin et Danube
Cours de la Libération et du Général de Gaulle
Rue des Alliés
Rue de Stalingrad
17
11
Av. Léon Blum

Grande Rue
Av. des Allobroges
1
3
78
67
28
35
79
89
51
5
37
Av. Maréchal Randon
Av. de Verdun
Av. de Verdun
L'Isère
Place Centrale
Place Bir-Hakeim
Blvd Jean Pain
Av. Gabriel Péri
Av. Gabriel Péri
Place de la République
Blvd Clemenceau
Av. Ambroise Croizat
Saint-Martin-d'Hères
Av. Jean Perrot
Av. des Jeux Olympiques
Place Salvador Allende
N
0
200 m

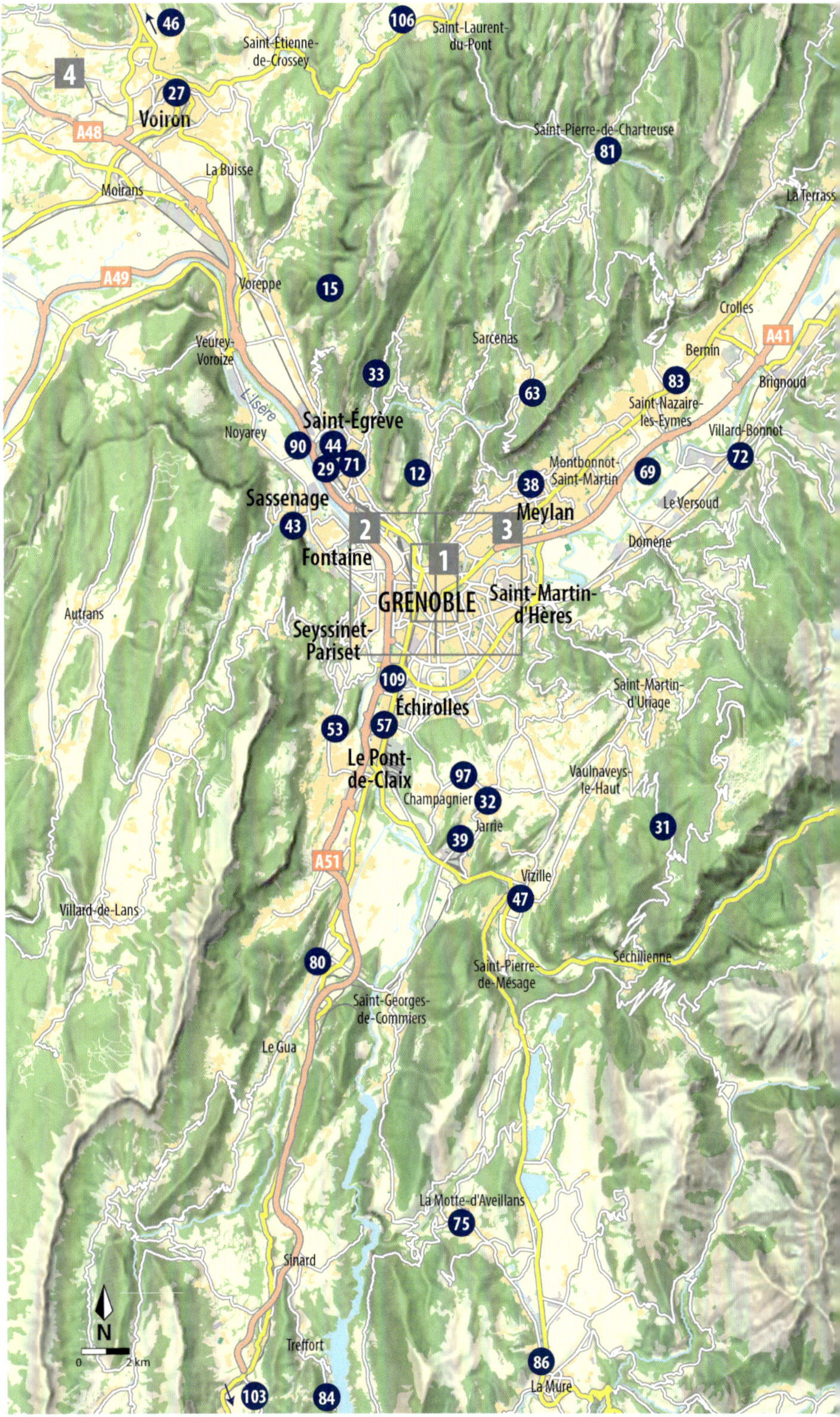
46
106
Saint-Laurent-du-Pont
Saint-Etienne-de-Crossey
4
27
Voiron
A48
Saint-Pierre-de-Chartreuse
81
La Buisse
Moirans
La Terrass
A49
Voreppe
15
Crolles
Sarcenas
Veurey-Voroize
A41
Bernin
33
83
Brignoud
63
L'Isère
Saint-Nazaire-les-Eymes
Saint-Égrève
Noyarey
Villard-Bonnot
90
44
72
29
71
12
Montbonnot-Saint-Martin
69
38
Sassenage
Le Versoud
Meylan
2
3
43
Domène
Fontaine
1
GRENOBLE
Saint-Martin-d'Hères
Autrans
Seyssinet-Pariset
109
Saint-Martin-d'Uriage
Échirolles
53
57
Le Pont-de-Claix
97
Vaulnaveys-le-Haut
Champagnier
32
Jarrie
31
39
A51
Vizille
47
Villard-de-Lans
80
Saint-Pierre-de-Mésage
Séchilienne
Saint-Georges-de-Commiers
Le Gua
La Motte-d'Aveillans
75
Sinard
N
0
2 km
Treffort
86
La Mure
103
84